LE BERCEAU DE CHRISTOPHE COLOMB

DEVANT

L'INSTITUT DE FRANCE

ET

L'OPINION PUBLIQUE

LE
BERCEAU DE CHRISTOPHE COLOMB

DEVANT

L'INSTITUT DE FRANCE

ET

L'OPINION PUBLIQUE

PAR

L'ABBÉ L.-M. CASABIANCA

SECOND VICAIRE DE SAINT-FERDINAND DES TERNES, PARIS,
CHAPELAIN D'HONNEUR DE LA BASILIQUE DE LORETTE, AVOCAT DE SAINT-PIERRE,
MEMBRE FONDATEUR DE LA LIGUE CORSE D'ENSEIGNEMENT ET D'ÉDUCATION,
MEMBRE ADHÉRENT DE LA SOCIÉTÉ DES GENS DE LETTRES DE FRANCE

> La première loi de l'histoire est de ne
> pas mentir.
> La seconde est de ne pas craindre de
> dire la vérité.
> (Bref de Léon XIII. *Sæpenumero.*)

PARIS

H. WELTER, ÉDITEUR
59, RUE BONAPARTE, 59

—

M.D.CCC.XC

LE BERCEAU

DE

CHRISTOPHE COLOMB

DEVANT L'INSTITUT DE FRANCE

ET

L'OPINION PUBLIQUE

PREMIÈRE PARTIE

VERDICT DU JURY D'HONNEUR

Aux mois de juillet et d'août de l'année dernière, nous publiâmes, dans la *Revue du Monde catholique*[1], deux articles intitulés : *le Berceau de Christophe Colomb et la Corse*. Notre but était de montrer l'inanité de la thèse de M. l'abbé Peretti, qui s'est escrimé à prouver, sans y réussir, l'origine corse de l'illustre navigateur. Nous aimons passionnément la Corse, notre pays natal, et toutes ses gloires, mais il y a une chose que nous aimons par-dessus tout : la vérité. D'ailleurs, la Corse possède assez de gloires légitimes, pour n'avoir pas besoin de s'affubler d'une gloire usurpée.

Notre confrère promit de répondre à notre réfutation; voilà bientôt une année que nous attendons cette réponse; mais, comme sœur Anne, nous ne voyons rien venir. Nous savons cependant qu'il avait envoyé son travail à la *Revue* sus-nommée, et que, malgré ses démarches réitérées et les nôtres, elle en a refusé l'insertion. Il n'y a pas qu'une *Revue* au monde, et M. l'abbé Peretti n'a qu'à recourir aux presses qui ont donné le jour à son

---

1. Palmé, 76, rue des Saints-Pères, Paris.

livre. Il est juste de dire que M. le Curé de Sainte-Marie de Calvi a résumé sa réponse dans un article qui a paru dans le *Petit-Bastiais* du 22 septembre 1889 et dans d'autres articles qui ont paru dans le *Conservateur* de la Corse. Nous aurons à nous en occuper plus loin.

La réponse plus détaillée qui nous a été promise, demeure d'ailleurs sans portée, puisque la cause de M. Peretti est déjà condamnée par le jury dont on trouvera tout à l'heure la composition et le verdict. Malgré ce silence qui a lieu de nous surprendre, les champions de la cause calvaise ont provoqué la réunion d'une Commission (officiellement convoquée par M. le Préfet de la Corse) chargée de travailler à préparer l'érection d'une statue à Christophe Colomb, dans la ville de Calvi.

Comme ils ont menacé la Corse et l'univers d'une souscription et de l'appui du gouvernement, — appui qu'ils n'obtiendront jamais, nous en avons la certitude, — nous croyons devoir élever de nouveau la voix pour dire à notre Corse bien-aimée, au gouvernement français et à l'univers qu'on les trompe; que cette souscription serait un manque de respect pour l'opinion publique, un audacieux défi jeté à l'histoire, un soufflet à la vérité, une indigne exploitation de la crédulité, une honte et un déshonneur pour notre terre natale [1].

Avant de demander l'argent au public, ces messieurs devraient éclairer sa religion; avant de demander le concours du gouvernement, ils devraient lui démontrer la véracité de l'objectif; avant d'élever une statue à Calvi, en l'honneur du grand navigateur, ils devraient prouver qu'il y est né. Or nos confrères n'ont rien fait de tout cela; par conséquent, en proposant une souscription avant d'avoir éclairci le point capital, ils font une action déloyale, impru-

---

1. Tout le monde, M. Peretti lui-même, avait rendu hommage à notre modération et à notre courtoisie dans notre premier travail; si nous montrons une certaine vivacité dans celui-ci, c'est que nos adversaires se sont démasqués; ils ont fait litière de la bonne foi, de la sincérité et de la courtoisie, comme on le verra plus loin. « La conduite de M. Casanova est peu loyale », dit M. le duc de la Veragua. Au lieu de nous donner des raisons, ils nous ont répondu par des injures; l'incorrection de leur attitude dans cette polémique explique et justifie la vivacité de notre langage; cela n'est guère de notre goût et contrarie nos habitudes. Nous le regrettons; mais, en somme, on se défend avec les armes avec lesquelles on est attaqué. Quand un adversaire en vient au pugilat, on ne se contente pas de répondre à ses coups de poing par des raisons, mais par des arguments plus frappants.

dente et ruineuse pour l'honneur et les finances de la Corse et de la France; pour parler un langage moins relevé, mais plus expressif, ils mettent la charrue avant les bœufs; ils vendent la peau de l'ours avant de l'avoir tué; ils chantent victoire avant la fin du combat, nous devrions dire après la défaite. Aussi, les engageons-nous à méditer ces trois vers de la *Divine Comédie* :

> Non sien le genti ancor troppo sicure
> A giudicar, sicomè quei, che stima
> Le biade in campo pria, che sien mature.

Nous nous proposons donc, dans ce nouveau travail, d'éclairer le gouvernement et l'opinion publique sur ce grave sujet d'histoire pour qu'ils sachent s'ils doivent, oui ou non, adhérer aux sollicitations intempestives de cette fameuse Commission.

Nous ferons cette lumière : premièrement, en faisant connaître le verdict prononcé sur ce débat, entre MM. le chanoine Fioravanti, le curé-doyen Martin Casanova, le curé J. Peretti et votre serviteur, par des hommes éminents dans la science historique, par des juges honorables, désintéressés et patriotes ; deuxièmement, en répondant aux objections de nos adversaires à notre premier travail intitulé : *le Berceau de Christophe Colomb et la Corse.*

Un mot à propos de la composition de ce jury : M. le chanoine Fioravanti, directeur du Journal le *Conservateur* de la Corse, qui est aussi l'organe officiel de la thèse calvaise, nous proposait, dans son numéro du 5 septembre dernier, « d'avoir une discussion verbale pour terminer le différend ».

Nous répondîmes, par le même courrier, ce qui suit : « Pour ce qui est de la discussion verbale que vous nous conseillez, avec une sagesse à laquelle je rends hommage, je suis tout disposé à l'accepter, à une condition cependant : c'est qu'elle aura lieu en présence de trois conseillers généraux de l'arrondissement de Calvi et de trois curés-doyens de la Balagne, dont je laisse le choix à mes deux confrères; je n'ai pas peur de la discussion à ciel ouvert, je ne cherche qu'une chose : la vérité. »

Notre offre resta lettre morte. Cette proposition nous étant parvenue quatre jours [1] avant l'expiration de notre congé, nous dûmes rentrer à Paris et nous n'en entendîmes plus parler.

---

1. M. Peretti a osé écrire, après trois mois de silence, « qu'après avoir parlé de discussion, nous avions fui la lumière ». Est-il possible de pousser plus loin la déloyauté?

... Puisque nos confrères se sont refusés à constituer un jury d'honneur qui aurait définitivement tranché la question, nous nous sommes imposé la tâche d'en former un nous-même et nous avons la certitude qu'aucun de ses membres ne sera récusé par personne.

Nous inspirant du sage conseil de Tobie : *Consilium semper a sapiente perquire*, nous nous sommes adressé à l'organe officiel de la science dans notre illustre pays, à *l'Institut de France* [1], et nous avons été heureux d'en obtenir six de ses membres les plus universellement estimés. Nous avons adjoint à ces juges compétents des assesseurs pris dans le clergé séculier et régulier, dans la science, dans la magistrature et dans la politique, en France, en Italie, en Espagne, en Portugal et en Amérique.

Nous nous empressons de faire une remarque qui a son importance : c'est que M. l'abbé Peretti accepte d'avance cet arbitrage ; voici, en effet, ce qu'il écrivait dans le *Conservateur* du 21 novembre 1889 : « Quant au jury qu'il (M. Casabianca) préparerait en ce moment, je n'ai pas plus de raison pour le récuser que je n'avais de raison pour refuser la discussion verbale. »

M. Peretti met une condition à ce jury : il veut qu'il « ait lu mûrement son ouvrage ». Nous pouvons lui affirmer que la très grande majorité de ses membres l'a fait ; pour ceux qui n'ont pu le faire, ils en ont trouvé dans notre brochure une analyse fidèle, ainsi que tout le monde s'est plu à le reconnaître. Nous pouvons même dire que quelques-uns qui avaient été gagnés à sa cause l'ont abandonnée après la lecture de notre travail.

Il en résulte rigoureusement que les parties en présence doivent s'incliner devant le verdict de ce jury. Pour nous, c'est fait ; nous avons le droit d'espérer de la loyauté de M. Peretti qu'il tiendra

---

1. Nous étant rendu chez M. Gaston Paris pour le prier de vouloir bien faire partie de ce jury d'honneur, l'éminent membre de l'Institut nous a déclaré, avec une franchise qui n'a d'égale que sa modestie, que, ne s'occupant spécialement que de philologie, il s'était fait un devoir de conscience de ne donner officiellement son avis que dans les questions qui se rattachaient à sa spécialité. Après nous avoir indiqué comme compétents dans notre question MM. L. Delisle, Geffroy, Himly et Siméon Luce, M. Paris a bien voulu nous dire « qu'avant même de prendre connaissance de notre travail, il était de notre avis, parce qu'il avait lu l'ouvrage de M. Peretti, qui l'a cité d'une *manière désagréable*, en lui faisant tenir un langage qu'il n'avait pas tenu, comme président de l'Académie des Inscriptions et Belles-Lettres ; la Corse, a-t-il ajouté, se rendrait ridicule si elle élevait une statue à Christophe Colomb comme consécration de sa naissance à Calvi ».

parole et qu'il n'osera pas récuser ce qu'il avait accepté tout d'abord.

Voici la composition de ce jury :

Président.

M. Victor Duruy, ancien ministre de l'Instruction publique, membre de l'Académie française et de l'Institut.

Juges.

LAIQUES

MM.

Léopold Delisle, administrateur général de la Bibliothèque nationale, membre de l'Institut.

Himly, membre de l'Institut, doyen de la Faculté des Lettres de Paris.

Siméon Luce, membre de l'Institut, professeur d'histoire à l'École des Chartes, chef de section historique aux Archives nationales.

Geffroy, membre de l'Institut, directeur de l'École française à Rome.

Maspéro, de l'Institut, donnant lecture, devant l'Académie des Inscriptions et Belles-Lettres, d'une lettre écrite à M. l'abbé Casabianca par M. Henri Harrisse.

Henry Harrisse, avocat à la Cour suprême de New-York, auteur de trente-neuf volumes sur Christophe Colomb.

MM.

Le comte Roselly de Lorgues, chargé par Pie IX d'écrire la Vie de Christophe Colomb.

G. Monod, directeur adjoint des Hautes-Études, maître de conférences à l'École normale supérieure.

Henry Midosi, professeur à l'Institut royal de Lisbonne.

Le Correspondant.

Pietri, sénateur de la Corse, membre du Conseil général.

Comte R. de Casabianca, ancien député de la Corse.

Docteur de Pietra Santa, lauréat de l'Institut.

Pompéi, natif de Calvi, avocat général à Montpellier, conseiller général de la Corse.

A.-F. Leoni, publiciste distingué de la Corse.

ECCLÉSIASTIQUES

La *Civilta cattolica.*

Les *Études religieuses, philosophiques et historiques*, des RR. PP. Jésuites[1].

Mgr Gasparri, professeur à l'Institut catholique de Paris, ancien ablégat, officier de la Légion d'honneur.

1. Apprenant au dernier moment que les *Études* ne feront connaître leur appréciation que dans le numéro du 31 mai ou de juin, et comme nous avons des raisons pour paraître tout de suite, nous prions nos lecteurs de vouloir bien se reporter à l'époque précitée, pour connaître le témoignage de la savante *Revue.*

Mgr Emmanuelli, vicaire général d'Ajaccio.

Le R. P. Francisco Saenz, commissaire général des Franciscains en Espagne.

Un autre dignitaire franciscain.

M. Durand, vicaire général de Tours, ancien professeur d'histoire.

M. le chanoine Venturini, curé vicaire forain de Corte.

Le R. P. Constant, Dominicain, docteur en théologie et en droit canon.

M. le chanoine Olivieri, curé de St-Roch d'Ajaccio.

M. le chanoine Costa, curé de Piétralba.

M. le chanoine Quilici, vicaire forain de l'Ile-Rousse.

Le R. P. Fondacci, Prieur des Dominicains à Cagliari.

Les Supérieurs des couvents de Marcasso et de Tuani.

Tous les membres du **clergé** de l'arrondissement de Calvi.

Écoutons leur témoignage.

LAÏQUES

Lettre de M. V. Duruy.

Paris, 29 janvier 1890.

Monsieur l'abbé,

Je n'ai pas de lumières particulières sur le lieu d'origine de Christophe Colomb, mais tout ce que j'ai lu jusqu'à présent sur cette question me donne à penser que l'on fait en Corse une campagne inutile, lorsqu'on veut lui donner Calvi pour berceau.

La Corse est assez riche de ses gloires nationales pour n'avoir pas besoin d'aller chercher en dehors d'elle des renommées retentissantes.

Recevez, Monsieur l'abbé, l'assurance de ma considération la plus distinguée.

V. Duruy.

Lettre de M. Léopold Delisle.

DIRECTION DE LA BIBLIOTHÈQUE NATIONALE

Paris, le 14 octobre 1889.

Monsieur l'abbé,

J'ai reçu avec grand plaisir la dissertation dont vous avez bien voulu m'offrir un exemplaire. En vous remerciant de cet envoi, je me permets de vous féliciter de la façon dont vous avez démontré que rien n'autorise à placer en Corse le berceau de Christophe Colomb.

Veuillez agréer, je vous prie, Monsieur l'abbé, l'assurance de mes sentiments les plus distingués et les plus dévoués.

L. Delisle.

*
* *

Lettre de M. A. Himly.

UNIVERSITÉ DE FRANCE

FACULTÉ
DES
LETTRES DE PARIS

Paris, le 17 mars 1890.

Monsieur l'abbé,

Mes remerciements et mes compliments pour votre brochure : *le Berceau de Chr. Colomb et la Corse*. Il est fâcheux pour votre bon renom scientifique que vous ayez été dans le cas de l'écrire; mais étant donné qu'un patriotisme local, fort mal inspiré, a mis en circulation la ridicule légende de *Chr. Colomb Français, Corse et Calvais*, je ne puis que vous féliciter d'en avoir démontré l'inanité.

Puissiez-vous avoir réussi à l'enterrer définitivement!

Agréez, Monsieur l'abbé, mes salutations empressées.

Auguste Himly.

*
* *

Lettre de M. Siméon Luce.

ARCHIVES NATIONALES

Paris, mardi 5 novembre 1889.

Monsieur l'abbé,

Je viens de lire avec l'attention qu'elle mérite votre dissertation intitulée : *le Berceau de Christophe Colomb et la Corse*, et je ne veux pas tarder un seul instant à vous adresser mes vives et bien sincères félicitations.

Sans vous départir de la courtoisie due à des écrivains respectables et inspirés par un patriotisme corse, plus ardent que judicieux, vous avez fait définitivement justice de la thèse véritablement insoutenable qui place à Calvi le berceau de D. Cristobal Colon.

Vous avez défendu avec raison et par de bons arguments l'authenticité du testament de l'immortel navigateur, et vous n'avez pas tiré un parti moins heureux des documents si décisifs qui ont été récemment découverts ou du moins signalés et en partie publiés par M. le marquis Staglieno.

Et ce qui m'a le plus touché en vous lisant, c'est que l'on sent très bien que le sentiment qui vous a surtout poussé à répudier pour votre île natale une gloire imméritée, c'est l'amour profond, fidèle et tendre que vous portez à la Corse. L'amour vrai ne va pas sans fierté et sans probité.

Vous aimez trop votre terre natale et vous êtes trop fier de ses gloires légitimes pour ne pas estimer que ces gloires lui doivent suffire.

Que la Corse laisse à Gênes ce qui appartient à Gênes ; sa part reste assez belle. Qu'elle ne cherche à emprunter à son ancienne dominatrice que les bras de ses manœuvres ou de ses terrassiers ; je trouve que c'est assez, ou plutôt, pour parler franc, je trouve que c'est encore trop.

Veuillez agréer, Monsieur l'abbé, mes meilleures salutations.

Siméon Luce.

*
* *

Lettre de M. Geffroy.

Paris, 2 novembre 1889.

MONSIEUR L'ABBÉ,

Vous m'avez fait l'honneur de me confondre avec l'illustre savant Geoffroy de Saint-Hilaire. Je suis au regret de ne pouvoir vous donner sur le berceau de Christophe Colomb un avis tel qu'eût été le sien.

Ce que je puis dire, c'est que votre étude contient des arguments excellents, et que, à mon avis, il y a lieu de s'en tenir à l'ancienne tradition.

Veuillez agréer, Monsieur l'abbé, l'expression de mes civilités les plus distinguées.

A. Geffroy.

*
* *

Écoutons maintenant l'opinion de *l'Académie des Inscriptions et Belles-Lettres (Séance du 14 février, présidée par M. Scheffer)*.

« M. Maspéro offre, au nom de l'auteur, M. Harrisse, une lettre écrite pour féliciter M. Casabianca d'avoir refusé d'admettre les théories de son compatriote, M. Casanova, qui fait naître Christophe Colomb à Calvi, en Corse. M. Harrisse réfute une fois de plus les raisonnements et les affirmations mis en avant par M. Casanova et qui ont trouvé *à tort un écho* dans le public et l'appui d'un agrégé de l'Université.

M. Gaston Paris attribue l'erreur, que signale M. Harrisse, à un compte rendu de la séance de l'Académie dont il était alors président, lorsqu'eut lieu la présentation d'une pièce de vers où Colomb était censé appeler la Corse « son ingrate patrie », compte rendu donné par un journal ». (Extrait du *Journal officiel* du 18 février 1890.)

De ce compte rendu, il résulte deux remarques fort importantes : la première, c'est que *l'Académie des Inscriptions et Belles-Lettres* trouve que c'est *à tort* que le public s'est laissé séduire par les raisonnements de M. l'abbé Casanova. La seconde, c'est que les affirmations de M. l'abbé Peretti, faisant croire au public que M. Paris a reconnu que la pièce de vers date du seizième siècle, sont traitées *d'erreur* par M. Paris lui-même. En bon français, cela veut dire que *l'Académie des Inscriptions et Belles-Lettres* condamne la légende calvaise.

*
* *

Lettre de M. H. Harrisse [1].

A Monsieur l'abbé Casabianca, deuxième vicaire de Saint-Ferdinand des Ternes.

Monsieur l'abbé,

J'ai lu votre travail intitulé *le Berceau de Christophe Colomb*

---

1. Cette lettre a paru en partie dans la *Revue historique*, n° de janvier-février 1890, pp. 182-184, et elle a été lue à l'Académie des Inscriptions et Belles-Lettres, dans sa séance du 14 février 1890. On la trouve chez Welter, 59, rue Bonaparte, Paris, sous le titre : *Christophe Colomb, les Corses et le gouvernement français*.

et la Corse [1], qui est à la fois un bon livre et une bonne action. Cela rachète bien des petitesses et des misères de voir un ecclésiastique corse s'élever au-dessus du détestable amour-propre de clocher, — la plaie, le fléau de l'histoire, — et ne combattre que pour la vérité.

Vous êtes absolument dans le vrai : ni Christophe Colomb, ni son père, ni sa mère, ni ses frères, ni aucun de ses ancêtres ne sont nés à Calvi ou en Corse. Il est même à peu près certain qu'ils n'y ont jamais mis les pieds.

La prétention de faire naître l'illustre navigateur à Calvi est récente et ne repose sur rien de sérieux. Les seuls documents ne prêtant pas tout à fait à rire, que les promoteurs de cette fable aient produits jusqu'ici, sont des actes et un registre où il serait fait mention d'individus appelés Colombo : le premier en 1530, le second en 1570, et le reste de 1738 à 1784, sans rapports d'aucune sorte, naturellement, avec l'auteur de la découverte du Nouveau Monde ou avec sa famille.

Il n'y a pas dans le sud de l'Europe trois villes sur dix qui ne puissent en dire autant.

Mais ce qui distingue cette prétention de toutes les autres, c'est l'audace des affirmations et l'effronterie avec laquelle on cherche à les répandre en France et partout.

On a d'abord prétendu que « l'acte de baptême de Christophe Colomb existait à Calvi, et que M. le préfet Giubega l'a trouvé dans les archives de la ville [2] ».

Qu'on le montre donc cet « acte de baptême » antérieur de quatre-vingt-dix ans aux prescriptions du Concile de Trente !

Voici d'ailleurs une déclaration de M. Giamarchi, conseiller à la Cour d'appel de Bastia, ancien président du tribunal de première instance de Calvi, qui répond péremptoirement à cette imposture :

« M. Giubega, ancien sous-préfet de Bastia, m'a donné l'assurance que sa famille n'a jamais possédé l'acte de naissance de Christophe Colomb [3]. »

Une revue [4] avait déjà lancé pareille assertion. M. Giubega fils y répondit en ces termes :

« Quant à ce que la *Revue de Paris* a pu dire en 1841, au sujet de

---

1. *Revue du Monde catholique*, nᵒˢ des 1ᵉʳ juillet et 1ᵉʳ août 1889, tirage à part. Paris, Palmé, 1889, in-8ᵒ, III et 47 pp.

2. Abbé Martin Casanova, *la Vérité sur l'origine et la patrie de Christophe Colomb*; Bastia, 1880, in-12, pp. 17 et 139.

3. Lettre de M. Giamarchi. Calvi, 21 août 1867.

4. *La Revue de Paris*, nᵒ du 2 mai 1841.

la découverte à Calvi de l'acte de naissance de Christophe Colomb, ce fait est complètement inexact [1]. »

Mis au pied du mur, les champions de cette ineptie inventèrent alors la théorie « que les registres des actes paroissiaux furent brûlés par les Anglais lors d'une descente qu'ils firent à Calvi en 1794 [2] ».

Les Anglais n'ont rien à y voir, puisque c'est en l'année 1841 que l'on « dénonçait les preuves de ce fait comme étant dans les mains de M. Giubega qui tardait trop à publier sa découverte [3] ».

Pour mieux se targuer de rapports entre Colomb et la Corse, on a ensuite affirmé « qu'au temps de la découverte de l'Amérique, plusieurs habitants de Calvi accompagnèrent Colombo [4] », et que « Colomb était entouré de Corses [5] ».

Il n'y eut jamais un seul Corse avec Colomb au temps de la découverte de l'Amérique [6], ni que l'on sache, avant ou après.

Dans cet ordre d'idées imaginaires, un agrégé de l'Université de France, M. Haussaire, chargé d'instruire la jeunesse dans deux collèges, rééditant les bourdes de MM. les abbés Casanova et Peretti, déclare, de son côté, « que plusieurs Calvais accompagnèrent le grand

1. Pièce transmise par M. de Zerbi, le sous-préfet de Calvi, à M. Santelli, le 8 septembre 1867.

2. M. le professeur Haussaire, cité ci-après.

3. *La Revue de Paris*, t. XXXII, p. 53.

4. Lettre de M. Colonna-Ceccaldi, publiée par M. l'abbé Casanova, *op. cit.*, p. 22.

5. *Ibid.*, p. 128, et abbé Peretti, *Christophe Colomb Français, Corse et Calvais*, Paris, 1888, in-12, pp. 368 et 381.

6. Les seuls documents qui permettent de reconstituer les rôles des équipages sont :

1o Le journal de bord de l'Amiral;

2o La liste des matelots laissés au fortin de *la Navidad* en janvier 1493, et qui furent massacrés par les indigènes;

3o Les récits de Las Cases et d'Oviedo;

4o Les dépositions des marins survivants, reçues en 1512 et 1514, lors de la fameuse enquête du fiscal.

Il résulte de ces autorités incontestables et incontestées, que, dans sa première expédition, Christophe Colomb était entouré de marins de Palos et d'Andalousie, des Castilles et de l'Aragon, et qu'à bord de ses caravelles, il n'y avait pas un seul marin de Calvi ni d'aucune partie de la Corse. Voici les textes :

Fueron por todos noventa hombres, marineros y de alli de Palos todas los mas, dit Las Casas, t. I, p. 260.

E la mayor parte de los que yban en esta armada eran assi mismo de Palos, rapporte Oviedo, t. I, p. 21.

Il est vrai que l'abbé Casanova, lui, mieux informé, naturellement, que ces témoins oculaires, affirme « qu'aucun n'était de Palos », et que « en partant de Palos, il n'y avait sur la *Santa Maria*, montée par Colomb, aucun Espagnol. (*La Vérité*, etc., p. 134.) Le critique est véritablement humilié d'avoir à réfuter de pareilles balivernes !

navigateur en Amérique ». « *Nous savons aussi*, dit-il, avec une assurance admirable, qu'en quittant le port de Palos, la *Santa-Maria*, montée par Colomb, comptait plusieurs Calvais à son bord[1]. » Ce savant professeur cite même, au nombre des « contemporains de Colomb », les deux frères Minucci.

Il n'y a pas un mot de vrai dans ces assertions.

Dans une nouvelle élucubration de M. l'abbé Casanova, il est dit que « ce fut dans ses premiers voyages que Colomb dédia sa première découverte à son pays natal en donnant le nom de Cap-Corse au cap que les Anglais nomment maintenant Cap-Coast ou Cap-Corse[2] ». Colomb est allé en Guinée; mais nous mettons l'abbé Casanova ou n'importe qui au défi de citer une autorité ou un document quelconque à l'appui de ce dire fantaisiste et tout nouvellement forgé.

On relève aussi dans l'absurde écrit de M. le curé-doyen d'Olmi-Cappella l'affirmation suivante :

« Dans cette seconde navigation (1493-1496), Colomb voulut que la flotte fût commandée et dirigée par Michel-Ange Battaglini et par le pilote royal Morgana, l'un et l'autre de la ville de Calvi[3]. »

C'est un nouveau tissu de faussetés. Il n'y eut personne du nom de Michel-Ange Battaglini ou de Morgana dans cette expédition ni dans aucune expédition de Christophe Colomb[4].

---

1. *Etude sur la véritable patrie de C. Colomb*, dans *la Vie et les Voyages de Christophe Colomb* (de Washington Irving), *extraits reliés par des analyses*, par E. Haussaire, agrégé de l'Université, professeur au lycée Charlemagne et à l'Ecole Monge. Paris, Delagrave, 1887, in-18, p. 13.

Une curiosité littéraire, c'est le dithyrambe qu'entonne M. Haussaire en l'honneur de cette pantalonnade : « Votre opuscule [l'élucubration de l'abbé Casanova] m'a convaincu. D'ailleurs je ne demandais qu'à l'être : Christophe Colomb Corse et non Génois! Je ne l'en admire pas plus [Tiens! pourquoi?], mais je l'en aime bien davantage? Et puis, comme cette origine explique bien mieux que l'autre, la noble franchise de son caractère! » (*Le Conservateur de la Corse*, 10 mai 1888.)

2. Abbé Casanova, *Vie de Christophe Colomb écrite au point de vue de son origine française;* Turcoing-Lille et Mouscron, Belgique ; Société de la Bibliothèque de tout le monde. Fondation Augustin Boisleux; s. d., in-18, p. 8.

3. *Ibid.*, p. 10.

4. Les seuls commandants et les seuls pilotes de la seconde expédition de Colomb, dont il soit fait mention dans les documents, furent : Antonio de Torres, Alvaro de Acosta, Alonso de Hojeda, Ginès de Corbalan, Francisco de Pedalosa, Pedro Margarite, Juan de la Cosa (en cette occasion surtout comme maître-cartographe), Alonso Mudel, Alonso Perez Roldan, Bartolomé Perez et Christoval Perez Nino. (Documents dans Navarrette, t. II, 83, 85; P. Martyr d'Anghierra, decad. I, lib. I; Oviedo, lib. II, cap. viii; Las Casas, lib. I, cap. lxxxii; Bernaldez, *Reyes Catalicos*, lib. cxix; Dr Chanca, dans Navarrette, t. I, 198-224; Syllacio et lettres de Simon Verde, tous contemporains et, sauf Syllacio, témoins oculaires.)

Toujours pour faire croire que l'illustre marin se rattachait par des liens d'origine à la Corse, on répète « que le père Denis ou Dionigi de Corte, *contemporain* du grand navigateur, dit, dans ses Mémoires inédits [et introuvables] : *Calvii natum Columbum* [1] ».

Il n'y a jamais eu d'écrivain de ce nom du temps de Colomb, ni au seizième ni au dix-septième siècle, en Corse ou ailleurs [2].

Continuant ces mauvaises plaisanteries, on déclare « que le P. Jean de Santo Pietro (Corse) était l'ami d'enfance de l'amiral et son compatriote » et que « c'est lui qui l'accompagna dans son premier voyage [3] ».

Christophe Colomb n'a été accompagné, ni dans son premier voyage, ni dans aucune de ses expéditions, par un Père quelconque de ce nom, et nulle part dans les écrits ou dans les documents contemporains ou dignes de foi, il n'est fait mention d'un « ami d'enfance » ou d'un « compatriote » ainsi nommé.

Il parut au siècle dernier une *Giustificazione della Rivoluzione di Corsica*, œuvre de mérite, où un chapitre entier [4] est consacré aux Corses qui se sont rendus célèbres. Il était de première nécessité de faire figurer Christophe Colomb dans ce palmarès. On publia alors ceci :

« La *Giustificazione della Rivoluzione di Corsica* rapporte qu'au temps de la découverte de l'Amérique plusieurs habitants de Calvi accompagnèrent Colombo, qui en récompensa largement quelques-uns en leur donnant des emplois supérieurs dans ces contrées lointaines [5]. »

« La *Giustificazione della Rivoluzione di Corsica* nous dit que l'Amiral était entouré de marins de Calvi [6]. »

Il y a deux éditions sous ce titre, publiées respectivement en 1764 [7]

---

1. Casanova, *Vie de Christophe Colomb*, p. 11.

2. *Mendacem memorem esse oportet*, dit Quintilien, M. l'abbé Casanova, lui-même, sans s'en douter, a reconnu que son P. Denis vivait au moins deux cents ans après Colomb. Voici ce que le conséquent ecclésiastique écrivait à M. Serveille, principal du collège de Calvi, le 10 juin 1883. « Le P. Denis est né vers la fin du dix-septième siècle. » Quel singulier « contemporain » de Christophe Colomb, mort le 20 mai 1506 ! Ce P. Denis ne daterait même que de la seconde moitié du dix-huitième siècle, puisqu'il est dit avoir vécu en même temps que Pascal Paoli. (*Journal de la Corse*, 1er juin 1886 ; *Conservateur de la Corse*, 3 juin 1886.)

3. *Le Conservateur de la Corse*, 21 septembre 1832.

4. *Catalogo degli uomini illustri di Corsica al servizio di diversi sovrani*, p. 518 de la *Giustificazione* de 1764.

5. Mʳ Colonna-Ceccaldi, cité par l'abbé Casanova, *La Vérité*, etc., p. 124.

6. Abbé Casanova, *op. cit.*, p. 124.

7. *Giustificazione della Rivoluzione di Corsica combattuta dalle riflessioni di un Genovese e difesa dalla osservazioni di un Corso. In Corti*, S. F. Battini, MDCCLXIV, in-4, xii et 607 pages.

2

et 1768 [1], à Corte. On peut facilement les consulter [2]; mais voyez l'impudence!

Elles ne contiennent absolument rien de pareil, et ni dans l'une ni dans l'autre on ne trouve la moindre allusion aux voyages de Colomb. Son nom n'y est pas même mentionné une seule fois!

Trouvant toutes naturelles ces entorses données à la vérité, **M.** le curé-doyen apprend à ses lecteurs, avec le plus grand sang-froid, que « il résulte des Annales Franciscaines du seizième siècle que Christophe Colomb est né à Calvi [3] ». L'autorité invoquée pour cette surprenante allégation sont les *Ragguagli Serafici e Cronicali della Provincia Minore Osservante di Corsica*, du **P. Paolo Olivese;** imprimés à Lucques en 1671.

Ébranlé par une déclaration aussi catégorique et peu au courant des procédés de polémique à l'usage des érudits corses, vous retournez ces *Ragguagli* dans tous les sens. Est-il nécessaire de le dire? On n'y trouve pas un seul mot sur Christophe Colomb ou sur sa prétendue naissance à Calvi.

L'inventif abbé avance encore que dans la rue *del Filo*, à Calvi, il y a « une pierre sur laquelle sont sculptées les armes du Héros des mers », et [4] un correspondant calvais annonce dans un journal du crû [5] « qu'on vient de trouver dans une maison de Calvi une inscription très oblitérée, mais déchiffrable : *Domus Dominici Columbi* ».

Dans les deux cas, ce n'est pas « trouvé » qu'il faut lire, mais « fabriqué », et de toutes pièces [6].

Il paraît qu'avec cette inscription postiche « on a trouvé une grande caisse de marine, contenant une vieille boussole, des ferrements de navire et d'autres objets qu'on pourra voir chez M. Gaetan Flach, le digne rejeton d'une des grandes familles de Calvi [7] ».

Que n'a-t-on envoyé ces rossignols apocryphes à l'Exposition universelle! C'était le moment ou jamais!...

Continuant sans trêve ni merci cette ridicule campagne, opposant à chaque réfutation un nouveau conte ou une invention nouvelle,

---

1. *Giustificazione delle rivoluzione di Corsica e della ferma risoluzione presa da Corsi di mai più sottomettersi al dominio di Genova.* In corte, Stamp. della Verita, MDCCLXIII, in-4º, 321 pp. (Par l'abbé Gregorio Salvini de Nessa?)

2. Bibliothèque nationale, LK, 243 et 245 in-4º.

3. *Le Conservateur de la Corse*, 25 mars 1886.

4. *Ibid.*, 5 juillet 1883.

5. *Le Petit Bastiais*, 9 juin 1886. « Vous savez aussi que la maison de Colomb est à Calvi : la pierre le dit hautement. — Voir *le Conservateur de la Corse*, nᵒˢ 50-52 (1882). » Lettre de M. l'abbé Casanova à M. Serveille, Olmi-Cappella, 10 juin 1883.

6. *Le Pascal Paoli*, Corte, 18 juillet 1886.

7. *Ibid.*

MM. les abbés Casanova [1] et Peretti [2] déclarent imperturbablement que « il est reconnu que le fameux Colomb (le Mozzo, *sic*) était frère de Dominique Colomb, le cardeur de laine de la rue *del Filo*, de Calvi ».

Il n'y a jamais eu de Dominique Colomb, cardeur de laine, dans la rue *del Filo*, de Calvi.

Le Colomb dont il est ici question n'a pas eu de frère appelé Dominique.

Enfin, ce Colomb, dont on veut faire un Corse, oncle de Christophe Colomb, était Français [3], fils [4] ou neveu [5] d'un autre Colomb originaire de la Gascogne, surnommé Columbus, mais appelé de son vrai nom Guillaume de Caseneuve, amiral de Louis XI [6], et sans aucune espèce de parenté avec le grand marin qui découvrit le Nouveau Monde.

Pour frapper un grand coup (et recueillir des souscriptions) on a excipé d'une risible élégie latine en l'attribuant à Christophe Colomb. Puis, par une phrase savamment combinée, les meneurs ont prétendu que l'Académie des inscriptions et belles-lettres se portait garante [7] de l'authenticité de cette loque et des menteries corses.

Il y a plus, M. l'abbé Peretti est allé jusqu'à écrire et signer l'articulation suivante :

« Nous sommes heureux de pouvoir nous appuyer sur la déclaration publique de M. le Président de l'Académie des inscriptions et belles-lettres, qui a reconnu que cette pièce de vers date du seizième siècle. De l'aveu de M. Gaston Paris, dont on ne saurait contester la compétence, c'est depuis les temps de Christophe Colomb lui-même qu'il nous est donné de constater ainsi l'existence de la tradition, non plus seulement orale, mais encore écrite, qui fait de l'Amiral de l'Océan un Corse et un Calvais, un fils de Cesia [8]. »

1. *Le Figaro*. Paris, 27 janvier 1886.

2. Abbé Peretti, *Christophe Colomb, Français*, etc., p. 502.

3. *Un corsario frances hijo del capitan Colon*. Zurita, *Anales de la Corona de Aragon*. Garegoça, 1610-1670, in-fol., lib. XX, cap. LXIII, t. IV, f. 338.

4. *Colombo corsaro el Zovene* [*le jeune*, et non « le mousse »], *fio de Colombo corsaro*. Malipiero, *Annali Veneti*, dans l'*Archivo Storico*. Florence, 1843, t. VII, p. 622.

5. *Columbi junior Columbi piratæ illustris ut aiunt nepos*. Sabellicus, *Rerum Venetiarum*, decad. III, lib. IV, dans les *Opera omnia*. Basil., 1560, in-fol., t. II, col. 1536.

6. Simon de Pharès, *Recueil des plus célèbres astrologues*. Ms. Bibl. nationale, fonds français, 1357, f. 161. *La Cronicque du roy Loys onziesme*. Paris, 1558, pp. 79, 109, 154, et les documents publiés dans *Les Colombo de France et d'Italie* ; mémoire lu à l'Académie des inscriptions et belles-lettres ; 1er et 15 mai 1874 ; Paris, 1874, in-4°.

7. *Le Conservateur de la Corse*, 8 février et 24 juin 1886.

8. Abbé Peretti, *Christophe Colomb, Français*, etc., pp. 312, 336, 395.

Quel aplomb !

Ouvrez les comptes rendus officiels des séances de ladite Académie. Voici ce que vous y lirez :

« M. l'abbé Giorgi adresse des vers latins attribués à Christophe Colomb, où il est parlé de la Corse comme sa patrie.

« Le président dit que cette prétention même doit faire recevoir cette pièce de vers *avec beaucoup de défiance* [1]. »

Rien de plus ; mais c'est assez, surtout pour qui sait lire entre les lignes.

Poursuivant sa singulière méthode de citer les textes, M. l'abbé Peretti [2] appuie sur Antonio Gallo, contemporain de Colomb, chancelier de Saint-Georges (et historien gênant), auquel il attribue cette simple phrase : *Christophorus et Bartholomæus Genuæ plebeis orti parentibus carminatores lanæ fuerunt.* Ceci est afin d'ergoter sur le mot *Genuæ*, qu'on veut appliquer aux possessions coloniales de la République. C'est précisément comme si Tonquinois ou Kroumir était synonyme de Français.

La phrase de Gallo, afin d'arriver à ce merveilleux résultat philologique, a été audacieusement tronquée, et par deux fois. L'original porte : *Christophorus et Bartholomæus Genuæ natione Ligures* [3]. Ce qui enlève toute équivoque.

M. l'abbé Casanova, à la recherche de garanties pour ses divagations, s'est imaginé de s'appuyer sur le chef actuel de la famille du grand navigateur, et a carrément publié la déclaration suivante :

« Le duc de Veragua, amiral des Indes, descendant de Christophe Colomb, m'écrit *que j'ai découvert le berceau de son aïeul* [4]. »

M. le duc de Veragua, amiral des Indes, descendant de Christophe Colomb, oppose à l'affirmation de M. l'abbé Martin Casanova, curédoyen d'Olmi-Cappella, un démenti formel et proteste avec énergie contre une telle imputation [5].

1. *Comptes rendus officiels des séances de l'Académie des inscriptions et belles-lettres*, 1re série, t. XIV, p. 5 ; séance du 5 février 1886.

2. Abbé Peretti, *Christophe Colomb, Français*, etc., pp. 16 et 53.

3. Muratori, *Itali Script.*, t. XXIII, col. 302.

4. *Le Figaro*. Paris, 27 janvier 1886.

5. Voici la lettre de Son Exc. le duc de Veragua *.

Madrid, 29 de Enero 1886.

M. Henry Harrisse,

Me apresaro a contestar a su carta de anteayer manifestande à V. estrañesa por el contenido de la carta publicada en el Figaro.

Por fortuna conservo copia de la que dirijee en 31 de Octobre 1881 a M. Ceralacè con motivo de haberme enviado el folleto de Casanova. Muy lejos de hacer semejante afirmacion, manifestaba la opinion de ser necesario un estudio mas profundo

On a effrontément fait insérer, dans vingt journaux de Paris et des départements, qu'à propos de l'érection de la statue de Colomb sur une place de Calvi, autorisée par décret de M. Grévy, du 6 août 1882, le Président des Etats-Unis allait octroyer « le titre de citoyens américains à tous les Corses [1] ».

Nous croyons à peine nécessaire d'ajouter que c'est une pure invention, aussi audacieuse que burlesque. Mais quelle idée ces journaux se font donc de l'intelligence de leurs lecteurs et de l'esprit des Américains?

Ce qui navre davantage, si faire se peut, c'est de voir le gouvernement en France, — pays par excellence du bon sens en critique et en histoire, — encourager de pareilles fumisteries [2].

del asunto para admitir aquella tesis. Per lo demas elogiaba la forme del trabajo que per su estilo contribuia a seducir el ánimo de los que lo leyeran y le invitaba a depurar esta materia.

Me parece poco leal la conducta de Sr Casanova *si el ha mando al* Figaro *a cometer una ineactitud tan manifesta y que podria ser rectificaba con la mayor facilidad.*

Es cuanto puede manifestar a V. en siempre af^{mo} que desea complacerle, repitiendome su atento servidor q. b. s. m.

EL DUQUE DE VERAGUA.

Madrid, 29 janvier 1886.

* M. Henri Harrisse,

Je m'empresse de répondre à votre lettre d'avant-hier et de vous exprimer ma surprise pour le contenu de la lettre publiée par *le Figaro*.

Heureusement je conserve la copie de la lettre que j'ai écrite le 31 octobre 1881 à M. Ceralace, au sujet de l'envoi qu'il m'avait fait de la notice de Casanova. Loin de formuler une semblable affirmation, j'exprimais l'opinion qu'il était nécessaire de faire une étude plus approfondie du sujet pour admettre cette thèse.

Pour le reste, je louais la forme du travail qui, par son style, ne manquerait pas de séduire l'esprit de ceux qui le liraient, et je l'engageais à mettre ce travail au net.

La conduite de M. Casanova me parait peu loyale, si c'est lui qui l'a envoyée au *Figaro*, car il a commis *une inexactitude manifeste*, qui pourrait être rectifiée avec la plus grande facilité.

LE DUC DE VERAGUA.

1. « On assure que, par un décret spécial, le président de la République américaine déclarera les Corses citoyens des Etats-Unis. » (*Le Temps*, Paris, 5 janvier 1886). Qui l'eût cru? C'est le journal fondé par Nefftzer, et qui a compté Sainte-Beuve et Edmond Schérer parmi ses rédacteurs.

2. « J'ai déjà dit dans ma lettre au *Réveil* publiée par *le Petit Bastiais*, que, pour sa part, le *Ministère de l'Instruction publique* a bien voulu encourager mes efforts en souscrivant *quatre fois et par centaines d'exemplaires*, à mon *Christophe Colomb, Français, Corse et Calvais.* » (Abbé Peretti, dans *le Petit Bastiais*, n° du lundi 30 septembre 1889.)

On lit dans *le Conservateur de la Corse* du 5 décembre 1889 l'entrefilet suivant :

« Calvi, le 23 novembre écoulé, *M. le Préfet a officiellement convoqué*, pour

Maintenant, Monsieur l'abbé, laissez-moi vous dire ce qui est désormais incontestable et prouvé par cinquante-deux actes notariés et absolument authentiques [1].

Domenico Colombo, tisserand gênois, père de Christophe Colomb, est né à Quinto, à quelques kilomètres de la ville de Gênes.

Il a vécu constamment dans l'enceinte de la ville de Gênes depuis au moins le 1er avril 1439 jusqu'au 28 septembre 1470, et après.

Susanna Fontanarossa, épouse dudit Domenico Colombo et mère de Christophe Colomb, est née au Bisagno, dans la banlieue de Gênes.

Christophe Colomb, leur fils aîné, naquit dans l'enceinte de la ville de Gênes, entre le 31 octobre 1446 et le 31 octobre 1451 ?.

Voilà la vérité, toute la vérité, rien que la vérité !

Agréez, Monsieur l'abbé, l'assurance de ma considération la plus distinguée.

Henry HARRISSE.

Paris, décembre 1889.

DOCUMENTS NOTARIÉS

ÉTABLISSANT L'ORIGINE GÉNOISE DE LA FAMILLE DE CHRISTOPHE COLOMB

(*Brevitatis causa*, nous ne rapporterons que quelques-uns des nombreux documents contenus dans la lettre du savant critique américain.)

Domenico *Colombo*, père de C. Colomb, né à Quinto et établi dans l'enceinte de la ville de Gênes :

1470. *Dominicus de Columbo civis Januæ quondam Johannis de Quinto*. (Acte de Me Giovanni Gallo, 2 mars 1470, archives de Savone, n° 408, f. 42.)

Le 15 du courant, la commission chargée de préparer les fêtes du centenaire de la découverte de l'Amérique, qui auront lieu à Calvi, en l'honneur de Christophe Colomb, en 1892. La souscription d'un monument au grand Calvais sera bientôt ouverte. »

[1]. Salinerius, Annotationes ad Cornelium Tacitum : Genuæ, 1602, in-4°, pp. 331 sequitur; notizia di quindeci Carte (par Gian Tomaso Belloro : Genova, 1839, in-8° : Nota di diversi documenti degli Archivi di *Genova e Savona* riguardanti la famiglia del Cristoforo Colombo, S copritore del Nuovo Mondo, pp. 46-62; *Staglieno*, Il Borgo di S. Stefano ai tempi di Columbo; Genova, 1881, in-8°; *Staglieno*, alcuni nuovi documenti in torno a Cristoforo Colombo ed alla sua famiglia; Genova, 1887; Staglieno, due nuovi documenti in torno alla famiglia di Cristoforo Colombo, dans le Giornale Ligustico. 1885, fasc. v-vi; *Christophe Colomb, son origine, sa vie, sa famille et ses descendants*. Paris, 1884, t. II, appendice A; actes notariés génois et savonésiens, pp. 401-454.

1474. *Domenico de Columbo de Quinto, Januæ lanerio.* (Acte de Mᵉ Giovanni Rogero, 19 août 1474, archives capitulaires de Savone.)

Le dit Domenico *Colombo* a vécu constamment dans la ville de Gênes, depuis au moins le 1ᵉʳ avril 1439 jusqu'au 22 septembre 1470, et après :

1439. *Dominico de Columbo filio Johannis textori pannorum lane* engage un apprenti. (Acte de Mᵉ B. Pilosio, Gênes, 1ᵉʳ avril 1439, liasse 1, n° 96.)

1451. Ce même *Domenico* achète un lopin de terre à Quarto, commune adjacente à Quinto. (Acte de Mᵉ Giacomo Bouvino, Gênes, 26 mars 1451, liasse 2, n° 168.)

Ledit Domenico *Colombo* avait un fils appelé Christophe :

1470. *Dominicus de Columbo, quondam Johannis* fait une transaction, et son fils, appelé Christophe : *Christoforus ejus filius,* figure dans l'acte. (Acte de Mᵉ Calvi, Gênes, 22 et 28 septembre 1470, liasse 2, nᵒˢ 370 et 373.)

1470. *Dominicus de Columbo lanerius,... et Christoforus ejus filius...* (Acte de Mᵉ T. del Zocco, Savone, 26 août 1470.)

L'épouse dudit Domenico *Colombo*, domiciliée à Gênes, et mère de C. Colomb, s'appelait, de son nom de fille, *Susanna Fontanarosa,* et elle est née au Bisagno, dans la banlieue de Gênes.

1473. *Sozanna filia quondam Jacobi de Fontanarubea de Bisagno et uxor Dominici de Columbo de Janua, ac Christophorus et Johannis Pelegrinus* [1] *filii dictorum Dominici et Sozanæ.* (Acte de Mᵉ Corsaro, Savone, 7 août 1473.)

Christophe Colomb est né entre le 31 octobre 1446 et le 31 octobre 1451.

1470. *Christofforus de Columbo filius Dominici, maior annis decemnovem, et in præsentia auctoritate, consilio et consensu dicti Dominici ejus patris præsentis et authorisantis.* (Acte de Mᵉ N. Raggio, Gênes, 31 octobre 1470, liasse 2, n° 905.)

Il résulte de cette déclaration notariée, que Christophe Colomb, fils de Dominique Colomb, est né entre le 31 octobre 1446 et le 31 octobre 1451, *alors que son père, ainsi qu'on l'a démontré plus haut, était DOMICILIÉ A GÊNES MÊME.*

1. Giovanni Pellegrino mourut avant 1489.

GÉNÉALOGIE DE CHRISTOPHE COLOMB

DU CÔTÉ PATERNEL

ÉTABLIE PAR LES NOTAIRES G. B. PILOSIO, VALDETARRO ET RONDADINO.

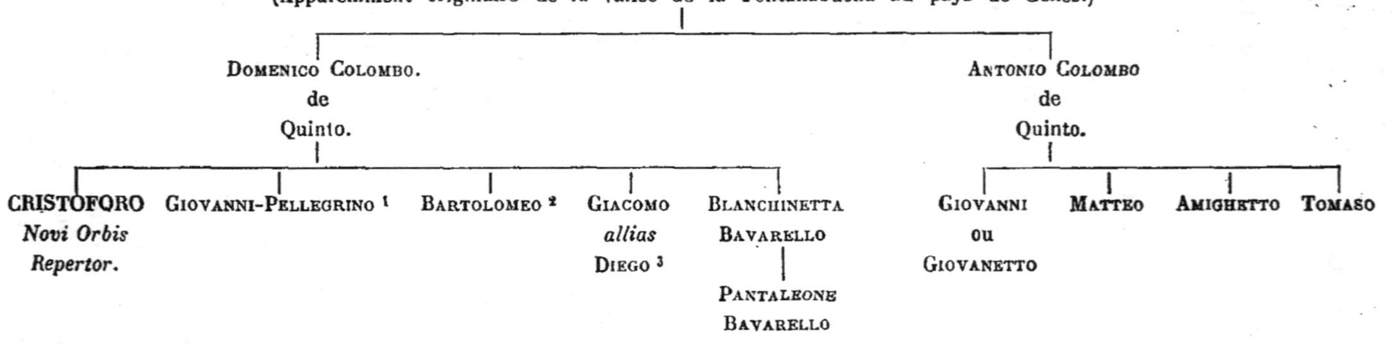

1. Giovanni-Pellegrino COLOMBO mourut avant 1489, sans laisser de postérité. (*Supra*, page 27, note).

2. Bartolomeo resta célibataire, mais laissa une fille de sa liaison avec Catelina MARRON, née en Andalousie, en 1508. Voir le testament de Bartolomeo, dans notre *Christophe Colomb*. Append. B, doc. III.

3. *Jacobum dictum Diegum*, acte de Mᵉ T. DEL ZOCCO, 8 avril 1500. Après avoir été apprenti tisserand (acte de Mᵉ Ansaldo BASSO, Savone, 10 septembre 1484), Giacomo COLOMBO entra dans les ordres après 1498 : *porque el quiere ser de la iglesia*. (NAVARRETE, t. II. p. 230.)

* *

Lettre de **M**. le comte **Roselly** de **Lorgues**, chargé par **Pie IX** d'écrire la vie de **Christophe Colomb**.

Paris, 20 juillet 1889.

MONSIEUR L'ABBÉ,

Tandis qu'en Corse, à la suite des recherches bibliographiques de MM. les curés Casanova et Peretti, décernant à Calvi l'honneur d'avoir vu naître Christophe Colomb, les populations restent émues, et qu'une patriotique exaltation organise des comités, prépare des souscriptions pour mieux solenniser cette nouveauté, l'accréditer au loin, la transformer finalement en réalité historique, il est consolant de rencontrer un esprit droit et ferme, sachant résister à l'enthousiasme irréfléchi des foules, et qui, sans autre souci que l'amour de la vérité, lui sacrifie résolument ses affinités, l'affection du sol natal et ses propensions naturelles.

Il faut une rare vigueur morale pour demeurer inébranlable dans son sentiment, malgré le courant de l'opinion, la puissance du nombre. Je viens, Monsieur l'abbé, de lire avec le plus grand intérêt votre écrit non moins lucide qu'érudit, intitulé : *le Berceau de Christophe Colomb et la Corse.*

Avant d'entrer dans aucun détail sur les mérites de cette docte dissertation, qu'on peut dire un modèle de discussion courtoise, permettez-moi de vous féliciter d'abord de votre courage, de votre intrépide défense du *vrai*, de saluer cette noble droiture d'esprit qui, s'élevant au-dessus des ambitions locales, des suffrages, des considérations des personnes, ne voit premièrement et par-dessus tout que la vérité pure, la vérité, lumière inséparable de nos destinées immortelles, qui est aussi le flambeau de l'histoire et sans laquelle il ne reste aux mains que la torche du mensonge éclairant la chute de nos pas dans l'erreur.

Vous avez certainement mesuré la violence de l'opposition qu'allait soulever votre franchise ; mais un intérêt supérieur aux exigences d'un patriotisme aveugle a guidé votre plume, et vous avez très judicieusement élucidé la question du berceau de Christophe Colomb, en reconnaissant que, malgré les inductions présentées, les documents nouveaux exhumés, les textes anciens torturés ou tronqués, aucune preuve n'établissait péremptoirement que le Révélateur du globe fût né à Calvi.

Pour mon compte, si je ne puis être d'accord avec M. l'abbé Peretti, je ne saurais pourtant lui refuser mes sympathies ; j'ai loué ses intentions, ses laborieuses recherches, sa généreuse persévérance. J'honore son caractère et ne serais pas surpris, au fond, qu'en son for intérieur, il ne s'agitât quelques doutes sur la valeur de son objectif. Ce n'est point vainement qu'il a intitulé *Mystère* la première partie de son livre, et je ne pense pas que la dernière l'ait totalement éclairci.

Au demeurant, Monsieur l'abbé, votre travail est un service véritable rendu à la Corse, car il tend à modérer les emportements d'un zèle imprudent, à prévenir des manifestations prématurées qui pourraient tourner à la confusion de leurs auteurs et à épargner ainsi aux Calvais une déception humiliante.

Véritablement en dehors de l'île de Corse, personne n'a cru Christophe Colomb né à Calvi. On a beau faire du bruit, illuminer, tirer des pétards, se parer du décret présidentiel, nul bibliographe, nul archiviste ne concède à la Corse le berceau du héros des mers. La prétention de Calvi n'ajoute qu'un numéro de plus à la série des villes et des villages qui revendiquent Christophe Colomb.

En résumé, votre écrit, remarquable d'érudition, de clarté, de logique, est, à mon sens, mieux qu'une simple œuvre littéraire ; il constitue un acte de courage et d'un patriotisme supérieur.

Recevez-en mes félicitations sincères, et veuillez agréer, Monsieur l'abbé, les sentiments respectueux de votre obéissant et dévoué serviteur.

Comte ROSELLY DE LORGUES.

*
* *

Lettre de M. Pietri,

Sénateur de la Corse.

Villa Nointet, Seine-et-Oise,
le 19 juillet 1889.

MONSIEUR LE VICAIRE ET CHER COMPATRIOTE,

On me transmet à la campagne la brochure sur *le Berceau de Christophe Colomb et la Corse*, que vous avez bien voulu m'adresser à Paris.

J'ai lu de suite votre travail, et j'ajoute que je l'ai lu avec le plus vif intérêt.

Après vous avoir lu, il n'est plus possible de se faire la moindre illusion sur la véritable patrie du grand Navigateur.

Vous avez démontré de la manière *la plus irrécusable* que Christophe Colomb n'est pas né à *Calvi*.

Je vous félicite cordialement de ne pas avoir sacrifié la vérité à un faux patriotisme.

Croyez, mon cher compatriote, à nos sentiments d'affectueuse estime.

J.-M. Pietri.

*
* *

Lettre du docteur de Pietra-Santa,
lauréat de l'Institut.

Paris, 15 juillet 1889.

Mon cher abbé,

Je viens de passer ma soirée en tête à tête avec votre brochure : *le Berceau de Christophe Colomb et la Corse*, et cela *agréablement* et *utilement*. C'est un vrai travail de bénédictin auquel vous vous êtes livré. Il est difficile de résumer et d'analyser mieux que vous ne l'avez fait dans la première partie l'ouvrage de l'abbé Peretti, dans lequel je n'ai pas trouvé la preuve de l'origine calvaise du grand Navigateur.

Pour la seconde partie, vos objections et réserves sont des plus sérieuses, et je *partage entièrement votre opinion*.

Je vous avouerai, du reste, que je n'ai jamais eu de goût pour ce mode d'écrire l'histoire.

C'est déjà assez difficile d'étudier les faits dans leur grand ensemble, en cherchant à déterminer leur enchaînement, leur philosophie et leur morale. Mais si l'on veut se perdre dans les détails en cherchant à découvrir les contradictions, en supputant les sentiments et les mobiles des chroniqueurs, en se faisant des arguments même de leur silence ou de leurs arrière-pensées, on verse nécessairement dans la dialectique d'un autre âge.

Du reste, comme votre exposition est toujours impartiale et correcte; comme votre polémique est sans cesse des plus courtoises, M. l'abbé Peretti ne pourra que vous savoir gré de votre étude.

Mille amitiés,

Dr de Pietra-Santa.

*
* *

Lettre de M. G. Monod,

**Directeur adjoint des Hautes Etudes, maître de conférence à l'École normale supérieure,
Adressée à M. le Directeur de *la Revue Bleue* et parue dans le numéro du
22 février 1890. (Boulevard Saint-Germain, 111.)**

Mon cher directeur,

. . . .

Il n'y a aucun rapprochement à faire entre la trouvaille de
M. Jal et l'invention de deux curés Corses, MM. Casanova et Peretti, qui ne sont nullement des *érudits*, mais des patriotes corses
un peu échauffés, qui ont réussi, on ne sait comment, à faire
décréter par M. Grévy, sur la proposition de M. Goblet, l'érection
d'une statue à Christophe Colomb en qualité de Calvais. Les vrais
érudits n'avaient guère pris garde à la plaisanterie de MM. Peretti
et Casanova, pas plus qu'au décret de M. Grévy, et n'avaient pas
cru possible qu'on mît en doute un fait aussi bien établi que la
naissance génoise de Christophe Colomb ; mais puisque cette plaisanterie paraît avoir été prise au sérieux par quelques bons esprits,
il serait temps que *des protestations autorisées vinssent dégager
la science française* de toute solidarité avec cette entreprise ridicule de la vanité de clocher. Un autre ecclésiastique corse, M. Casabianca, l'a fait dans une brochure intitulée : *le Berceau de Christophe Colomb et la Corse* (Palmé, 1889). M. H. Harrisse, bien
connu par la série de ses belles études sur les premières relations
de l'Europe avec le Nouveau Monde, et en particulier sur Colomb,
a repris la question avec bien plus d'autorité et des textes irréfutables dans un article de la *Revue historique* de janvier 1890 et
publié à part sous ce titre : *Christophe Colomb, les Corses et le
Gouvernement français* (Welter, 1890).

La *Revue Bleue* rendra un service à la véritable érudition, au
vrai patriotisme et au bon sens, en contribuant à empêcher la pro-
pagation d'une légende qui risquerait, si elle avait pour résultat
l'érection par le gouvernement français d'une statue de Colomb à
Calvi, de nous couvrir de ridicule.

G. Monod.

* *
*

Lettre de M. Henri Midosi,

Professeur émérite à l'Institut de Lisbonne.

Lisbonne, le 3 novembre 1889.

Monsieur l'abbé,

Je vous remercie infiniment de l'envoi que vous avez bien voulu me faire de votre brochure : *le Berceau de C. Colomb et la Corse.*

J'ai lu votre travail avec le plus grand intérêt et j'ai admiré votre courage inspiré uniquement par l'amour de la vérité pour combattre une légende patriotique. Votre écrit révèle une vaste érudition et un sens critique rigoureux.

Avoir lu tous les livres et tous les documents que vous citez, c'est déjà une bien lourde besogne; mais en extraire les preuves de votre thèse et les apprécier impartialement, cela suppose chez vous de l'étude et un esprit fin et droit. La méthode que vous avez employée pour réfuter votre adversaire est la plus claire : vous avez démontré que l'histoire doit avoir pour fondement la vérité et non pas l'imagination.

Acceptez, Monsieur l'abbé, mes sincères félicitations et l'humble témoignage de mon admiration.

Henri Midosi.

*
* *

Le *Correspondant* du 10 mars 1890.

Les derniers échos du Centenaire de 1789 s'évanouissent à peine que l'on s'occupe déjà d'en célébrer un autre..... C'est le quatre centième anniversaire de la découverte du Nouveau Monde... Christophe Colomb est le héros tout indiqué de ces solennités, et l'approche de sa glorification donne une acuité plus vive aux discussions qu'a soulevées l'incertitude du lieu de sa naissance. Déjà... La Corse entre en ligne à son tour et réclame Colomb pour Calvi. Il lui plairait, ayant vu naître le grand conquérant des terres, Napoléon, de revendiquer aussi le grand amiral des mers, Christophe Colomb. Il s'est fait tout un mouvement d'opinion autour de cette prétention. Des assemblées délibérantes ont pris parti, et M. Grévy, le 6 août 1882, a autorisé la ville de Calvi à ériger une statue au grand navigateur qu'elle considère comme son enfant.

Le curé de Calvi, M. l'abbé Peretti, en bon patriote, a lui-même écrit tout un volume pour prouver que Colomb est Corse et Français... M. l'abbé Casabianca, du clergé de Paris, aussi jaloux que son confrère des illustrations de son pays natal, ne croit pas possible de lui accorder cette nouvelle gloire. Il vient d'écrire, pour réfuter M. Peretti, quelques pages d'une dialectique serrée et qui nous paraissent trancher la question. La discussion est en effet limitée à ce doute : Colomb est-il né à Calvi ? Et vraiment, pour peu qu'on y apporte d'attention, on partage l'avis négatif de M. Casabianca.

Il est impossible de suivre dans ses détails sa dissertation où tout a son importance, où la moindre assertion est appuyée de preuves, et où le système de M. Peretti est exposé avec impartialité avant d'être réfuté. Nous nous contenterons d'y recueillir quelques-unes des considérations qui nous ont paru établir le plus clairement de quel côté est le sens de la critique historique.

Evidemment, M. Peretti est de bonne foi ; mais il a non moins évidemment composé son livre pour défendre une assertion établie *à priori*. C'est ainsi qu'il arrive à dire : « Nous sommes en droit de conclure avec Harrisse, Washington Erving et Roselly de Lorgues, qu'on ne sait rien de certain sur l'origine de Christophe Colomb et que le lieu de sa naissance est enveloppé d'obscurité. » Or, Washington Irving déclare nettement que C. Colomb « naquit dans l'ancienne cité de Gênes. » Roselly de Lorgues écrit : « Il est temps de remplacer cette hésitation par une affirmation précise : *Christophe Colomb est né à Gênes.* » M. Harrisse dit : « La plus audacieuse et la moins fondée de ces prétentions est assurément celle qui fait naître Christophe Colomb à Calvi, en Corse. »

Cela jette un peu de lumière sur la façon dont M. le Curé de Calvi interprète les textes. Les tronquer est encore plus grave. M. Peretti cite un extrait d'Antonio Gallo qu'il trouve vague et d'où il conclut que Colomb pouvait être de Calvi, parce qu'il n'est qualifié que de *Génois*, c'est-à-dire de l'État de Gênes (dont la Corse faisait partie) et non de la ville même. Le texte vrai, rétabli par M. Casabianca est celui-ci : *Christophorus et Bartholomæus Columbi fratres*, NATIONE LIGURES, *ac Genuæ plebeis orti parentibus.* M. Peretti a simplement supprimé les deux mots : *natione Ligures*, qui spécialisent formellement le mot *Genuæ* et lui donnent la signification précise de *ville* de Gênes, la traduction littérale étant celle-ci : Liguriens de nation, nés à Gênes; comme on dit Français nés à Paris; Antonio Gallo, quand on ne mutile pas son texte, témoigne donc explicitement contre M. Peretti.

Avec une pareille... liberté d'interprétation, on comprend que la thèse de M. Peretti n'inspire plus grande confiance, et M. Casabianca a beau jeu de la démolir pièce à pièce.

Il y a eu des historiens corses. Pas un ne réclame Colomb pour Calvi. Mgr Giustiniani, évêque de Nebbio, en Corse, a dû entendre dire, au moment de la découverte, que l'inventeur est un de ses diocésains. Eh bien ! non; il écrit qu'il est né à Gênes et personne ne proteste. M. Peretti a, pour expliquer ce silence, des raisons... curieuses : les historiens corses n'auraient voulu rien dire à la louange de Calvi, demeurée fidèle à Gênes. Voilà pourquoi, sans doute, Morati parle d'un Dominique Varsi, d'un Dominique Parodi, et d'une foule d'autres Calvais célèbres; et pourquoi Filippini cite les noms de dix Calvais qui ont fait grande fortune en Amérique. Mais, poursuit M. Peretti, Gênes n'aurait pas toléré qu'on donne Colomb à Calvi, elle ne voulait pas que les Corses arrivassent à la gloire.

C'est jouer de malheur ! Il se trouve, en effet, que Giubega, syndic de Calvi, a écrit une histoire de la Corse qui est restée à l'état de manuscrit, et pour laquelle il n'y avait donc pas à craindre une censure de Gênes; or Giubega ne parle pas de Colomb.

Ces contradictions deviennent plaisantes. Don Fernaud, le fils de Colomb, écrit que le lieu d'origine de son père est tellement obscur, qu'il a semblé « que Dieu l'ait fait exprès pour qu'il restât inconnu ». Vous voyez l'allusion, remarque M. Peretti : un lieu *inconnu*, c'est évidemment Calvi, chef-lieu minuscule d'un arrondissement. Il oublie que Calvi était alors la capitale de la Corse et que lui-même l'a appelé *le boulevard de la république de Gênes*.

L'un des grands arguments de M. Peretti est qu'il trouve souvent mentionné dans les historiens un Christophe *Calvus*. C'est, dit-il, Colomb qui a pris le nom de son pays à l'étranger. On lui répond par l'étymologie : Calvi se disait *Calvum* ou *Calvium;* natif de Calvi était exprimé par Calvensis ou *Calviensis* et non par *Calvus.* M. Casabianca insiste beaucoup sur cet argument, et sa réponse est de celles qu'on ne résume pas.

Voici la preuve définitive : Christophe Colomb, malgré le souvenir qu'il avait dû garder de l'hostilité du sénat de Gênes, a déclaré

« être né dans la ville de Gênes », dans l'acte par lequel il institue un majorat, le 22 février 1498, en vertu d'une autorisation des rois catholiques du 23 avril 1497. M. Casabianca démontre l'authenticité de ce document dans une note très explicite, qui nous paraît clore définitivement la querelle.

« L'histoire, dit M. Guizot, repose sur deux bases : les documents positifs sur les faits et les personnes, les vraisemblances morales sur l'enchaînement des faits et l'action des personnes. » Dans le livre de M. Peretti, il n'y a rien de tout cela ; on y trouve malheureusement le contraire. Nous devons remercier M. Casabianca de l'avoir courtoisement, mais fermement prouvé. A notre époque où l'on a, avec assez de raison, la superstition des documents, on ne saurait se montrer trop rigoureux dans l'examen de leur intégrité. Se réclamer de documents mutilés, c'est fourvoyer la créance publique et accréditer des erreurs. Pour la question de la naissance de Christophe Colomb à Calvi, M. Casabianca y a mis bon ordre. Tous ceux qui s'intéressent à l'histoire du grand Navigateur, lui sauront gré d'avoir fait la lumière sur ce point important, désormais *incontestable*, grâce à la sagacité et au talent qu'il a déployés dans sa belle étude critique.

E. Trogan.

*
* *

Lettre de M. le comte Raphaël de Casabianca.

Paris, le 30 juillet 1889.

Mon cher abbé,

...J'ai pu enfin ces jours derniers lire attentivement et avec le plus vif intérêt votre consciencieuse et *courageuse* brochure : *le Berceau de Christophe Colomb et la Corse...*

Vous êtes selon moi dans le vrai, et votre argumentation me paraît *irréfutable*. Vos savantes recherches ne peuvent laisser aucun doute dans mon esprit.

J'avais, il y a deux ans, lors d'un voyage en Corse, longtemps causé de la version soutenue par les abbés Casanova et Peretti, avec l'un de mes parents, un chercheur, un érudit, plongé constamment dans les livres de la bibliothèque de Bastia. Il avait lu et relu les textes cités par les deux abbés et il me paraissait fort peu convaincu de la naissance de Christophe Colomb à Calvi.

Il se taisait, n'osant pas contredire la légende locale qui flatte notre amour-propre de Corses. Vous avez été plus courageux que lui. Vous avez bravé l'opinion généralement acceptée dans notre pays, pour confondre l'erreur. Les hommes impartiaux ne peuvent qu'applaudir à votre hardiesse, preuve des sentiments élevés qui vous animent.

Vous cherchez la vérité et vous la dites, sans crainte des reproches de vos compatriotes de la Balagne, auxquels le gouvernement permet d'élever une statue à Christophe Colomb. Vous leur criez : Arrêtez-vous ! Vous allez usurper une gloire qui ne vous appartient pas !... C'est du courage !... Aussi, j'estime une fois de plus votre noble caractère, tout en rendant hommage à votre talent d'historien et d'écrivain.

Je joins à ces sentiments ma sincère affection pour vous.

Comte R. DE CASABIANCA.

*
* *

Lettre de M. Eugène Pompei,

Avocat général près la cour d'appel de Montpellier, membre du Conseil général de la Corse.

MONSIEUR L'ABBÉ,

Recevez mes remerciements et mes félicitations pour l'intéressant opuscule que vous avez bien voulu m'adresser.

Moi aussi je suis né à Calvi [1], et la postérité en trouvera facilement la preuve dans mes actes de naissance et de baptême. J'aurais été heureux et bien fier d'être le concitoyen de Christophe Colomb; mais, hélas ! je ne me suis jamais fait de grandes illusions à ce sujet et vous auriez détruit les dernières, s'il m'en restait.

Si vous n'avez pas fait Colomb Calvais, ce qui ne dépendait pas de vous, vous nous avez révélé en vous-même un compatriote instruit, sincère et judicieux. Merci donc cordialement.

Eugène POMPEI.

1. Il est assez curieux de remarquer que jamais un habitant natif de Calvi, — ce qui fait honneur à cette ville, que nous aimons beaucoup, — n'a cherché à réclamer C. Colomb, comme son concitoyen. Ce n'est même pas le clergé de la haute-ville, soi-disant paroisse du grand navigateur, mais celui de la basse ville qui s'est évertué en faveur de cette prétention; il y a plus; nous connaissons beaucoup de Calvais, et des plus intelligents, qui haussent les épaules quand on leur parle de cette fable.

3

*
* *

Lettre de M. P.-F. Leoni,

Nessa, le 21 août 1889.

MONSIEUR LE VICAIRE ET CHER COMPATRIOTE,

. . . .

Permettez-moi de joindre mes félicitations les plus cordiales à celles que vous avez dû recevoir de tous côtés pour l'acte de courage et d'abnégation que vous venez d'accomplir en disant franchement votre manière de penser sur la question du berceau de Christophe Colomb, qui passionne à un si haut degré l'opinion publique dans notre département.

En parcourant l'ouvrage de M. l'abbé Peretti, je déplorais à part moi, l'aveuglement de nos compatriotes ne demandant pas mieux que de donner tête baissée dans le panneau tendu à leur bonne foi par des mains plus ou moins habiles.

Je regrettais amèrement de ne pas entendre quelque voix autorisée s'élever du sein de notre chère Balagne pour protester contre une pareille manière d'écrire l'histoire qui, quoi qu'on en croie et qu'on en dise, porte toujours avec elle son châtiment.

Ainsi que je l'avais fait pour l'ouvrage de M. l'abbé Casanova, je me proposais de ne pas laisser passer, sans le relever, ce nouveau défi jeté à la vérité historique.

. . . .

Votre publication a répondu en partie à mes *desiderata*. En la lisant, j'ai senti mon cœur comme soulagé d'un grand poids et il m'a semblé que l'air circulait plus librement dans mes poumons.

Avec une dialectique irrésistible, avec un fond riche en témoignages irrécusables, vous avez, dans quelques pages où respire à chaque ligne la sincérité historique, compagne inséparable de la vérité, réduit en poussière impalpable tout le fatras d'arguties de votre confrère de Calvi : tout cela dans un style concis autant que correct et avec une modération que l'on ne saurait trop louer. Vous avez fait mieux. Vous avez fait entendre le langage de la froide raison à notre chère Balagne, à notre Corse bien-aimée. Vous leur avez rappelé qu'il ne suffit pas de jeter arbitrairement son dévolu sur un bien en litige pour en devenir tranquille possesseur, mais qu'il faut, pour cela, produire des titres réels, unique base de droits' incontestables, toutes choses faisant complètement défaut en l'espèce.

Je sais par expérience, Monsieur le vicaire, ce qu'il a dû vous en coûter, pour assumer de votre plein gré les responsabilités d'un pareil rôle *de trouble-fête* (passez-moi, je vous prie, l'expression) et briser de la sorte, sans pitié, un rêve délicieux, mais à la longue énervant.

Le devoir était là et vous n'y avez pas failli...

Il fallait opérer énergiquement pour guérir plus sûrement; c'est ce que vous avez fait...

Et maintenant permettez-moi de vous poser cette question. L'abbé Peretti aura-t-il assez de philosophie pour faire amende honorable, ou bien préférera-t-il aller jusqu'au bout et user ses forces et son talent à la poursuite de son utopie historique de Christophe Colomb *Gallo-Corso-Calvais*? Quoi qu'il en soit, un peu plus tôt, un peu plus tard, notre cher pays finira par bénir la main charitable qui lui a dessillé les yeux.

D'ailleurs, en fait de récompense, vous avez déjà, je crois, un joli appoint : la satisfaction intime du devoir accompli.

Veuillez agréer, etc.

P.-E. Leoni.

ECCLÉSIASTIQUES.

Appréciation de la « Civilta Cattolica ».

Numéro du 2 novembre 1889.

Nel nostro quaderno 939, page 344, annuziando il libro dell'abbé Peretti sopra l'origine di Cristoforo Colombo, noi ne lodammo l'arte, l'erizione, l'ingegno; ma quanto alla tesi ivi dall'autore propugnata, che il Colombo fosse nato à Calvi in Corsica, tesi già sostenuta dall'abbé Casanova, accennammo com'ella fosse mal fondata, e non potesse per difetto di buone prove accettarsi. Ora godiamo di vedere luminosamente confermato quel nostro giudizio dal Ch. abbé Casabianca, Corso anch'egli, come il Casanova e il Peretti, ma più savio nel preferire ad illusioni d'amor patrio la verita'e la logica. Nel bell'opuscolo che qui annunciamo, egli prende a discutere la tesi del Peretti; e dopo fatta un'analisi fedele del suo libro, chiama à rassegna ad uno ad uno tutti i suoi argomenti, e dimostra Come niun di essi regga a martello : Ondè conchiude che l'*Origine Calvaise de Christophe Colomb*, fino a tanto che non si traggan fuori nuove e solide prove, cosa assai difficile, anzi omai disperata, non può ammettersi. Questa polemica edall'Autore condotta con si bei modi e cortesi verso il Peretti, ma insieme contal copia di ragioni, vigor di logica, e chiarezza di dettato, che può dirsi un modello in si fatto genere di scritture [1].

*
* *

Lettre de Mgr Gasparri,

Professeur à l'Institut catholique de Paris.

MON CHER MONSIEUR L'ABBÉ,

J'ai lu avec un grand plaisir votre opuscule : *le Berceau de Christophe Colomb et la Corse*. Il semble impossible que M. l'abbé Peretti, homme assurément fort intelligent, ait pu, avec des arguments si faibles, qui sont des inepties, se persuader et travailler à persuader aux autres que le grand homme ne soit pas né en Italie, mais en Corse, à Calvi. Tant il est vrai que même notre intelligence suit d'une certaine manière la volonté, et nous croyons facilement ce que nous désirons.

En quelques pages d'une critique sûre et d'une argumentation rigoureuse, vous avez renversé ce château bâti en l'air et vous avez

---

1. « En annonçant dans notre numéro 939, l'ouvrage de l'abbé Peretti sur l'origine de Christophe Colomb, nous en louions l'art, l'érudition et le talent; mais pour ce qui était de la thèse qu'il défendait que C. Colomb fût né à Calvi, en Corse, thèse déjà soutenue par l'abbé Casanova, nous montrâmes comment elle était mal fondée et comment, faute de bonnes preuves, elle ne pouvait être admise. Maintenant nous nous réjouissons de voir notre jugement lumineusement confirmé par le distingué abbé Casabianca, Corse lui aussi, comme les abbés Casanova et Peretti, mais plus sage, en préférant la vérité et la logique à des illusions patriotiques. Dans le bel opuscule que nous annonçons aujourd'hui, il s'attache à discuter la thèse de l'abbé Peretti ; et, après avoir fait une analyse fidèle de son ouvrage, il passe en revue, un à un, tous ses arguments et il démontre comment aucun ne résiste au marteau de la critique; d'où il conclut que l'*origine calvaise de Christophe Colomb*, à moins qu'on n'apporte des preuves nouvelles et solides, — chose assez difficile et même à jamais désespérée, — ne peut être admise par personne.

« Cette polémique est conduite par l'auteur d'une manière si aimable et si courtoise envers M. Peretti, mais aussi avec une telle richesse de raisons, vigueur de logique et clarté d'exposition, qu'elle peut être citée comme un véritable modèle dans ce genre de littérature. »

remis les choses en place, faisant preuve en cela d'un patriotisme éclairé puisqu'il épargne à votre pays les moqueries des érudits.

Du moment que tous les historiens contemporains affirment, ainsi que vous le démontrez, que Christophe Colomb est né à *Gênes*, dans la *province de Gênes, dans la Ligurie*, etc., il n'est pas permis, au moyen de simples conjectures plus ou moins ingénieuses, de transporter son berceau à Calvi. Les expressions soulignées, si on ne leur fait pas violence, ne sauraient indiquer certainement une possession lointaine de la glorieuse république génoise : c'est ainsi, par exemple, que l'histoire ne dira jamais qu'O'Connel est né en Angleterre, Napoléon en France, parce que l'Irlande appartient à l'Angleterre et la Corse à la France, d'autant plus que ces expressions ont été écrites lorsque la Corse n'était plus génoise.

Donc, que la Corse se contente de ses gloires, et, en vérité, elle en a assez; le découvreur de l'Amérique appartient à l'Italie : *Unicuique suum.*

Je vous prie d'agréer mes félicitations pour votre travail, ainsi que les sentiments de ma profonde estime.

Votre serviteur et ami.

Monsignor GASPARRI.

*
* *

Lettre de Mgr Emmanuelli,

Prélat de la maison de S. S. Léon XIII, vicaire général d'Ajaccio [1].

Ajaccio, le 11 août 1889.

ÉVÊCHÉ D'AJACCIO

—

CHER MONSIEUR LE VICAIRE,

... J'ai lu avec un souverain plaisir et aussi attentivement que mes occupations me l'ont permis, votre brochure sur Christophe Colomb.

---

1. Nous n'avions pas l'intention de publier les lettres des divers membres du clergé de la Corse; la discrétion et certaines convenances voulaient peut-être qu'elles restassent dans l'ombre. Mais du moment que M. l'abbé Peretti imprime dans un journal « que nous sommes seul à tenir le langage que nous tenons », il nous met dans l'obligation de lui prouver le contraire. Pour ce faire, nous devons à l'opinion publique de lui montrer que nous avons avec nous nos chers confrères de la Corse, surtout de tous ceux de l'arrondissement

Elle n'est que trop concluante, malheureusement, en faveur de Gênes. Comme vous, je me disposais à soulever quelques doutes sur le pays d'origine du grand amiral; même, avais-je promis à M. l'abbé Peretti de lui fournir quelques renseignements à cet effet; aujourd'hui, ils deviennent inutiles... L'on vous reprochera d'avoir été bien cruel envers vos concitoyens et envers le digne curé de Calvi. Que je serais heureux de pouvoir vous contredire!

Agréez, etc.

D. Emmanuelli.

*
* *

Lettre du T. R. P. François Saens,
Commissaire général des Franciscains en Espagne.

Madrid, 24 janvier 1890.

Monsieur l'abbé,

J'ai lu avec le plus grand plaisir votre précieux travail sur la patrie de Christophe Colomb. Ce travail fait voir que vous ne vous laissez pas influencer par votre affection pour votre pays natal, et que l'amour de la vérité est plus puissant chez vous que le dévouement à la patrie.

Pour détruire l'opinion qui fait de Gênes la patrie du grand inventeur, il faudrait des raisons plus fortes que celles qui sont alléguées par M. l'abbé Peretti; ses arguments, si on les examine bien, sont seulement négatifs, et je ne crois pas qu'ils puissent être qualifiés même de probables; or nous savons la force que de tels

de Calvi lui-même, ceux du moins, que nous avons été à même de consulter.

Nous devons ajouter, pour être exact, que sur les trente-six paroisses qui se trouvent dans cet arrondissement, il y en a sept dont MM. les Curés ne nous ont pas encore fait connaître leur appréciation; MM. les Curés des autres paroisses ont bien voulu nous communiquer leur avis favorable à notre réfutation, la plupart par écrit et quelques-uns verbalement; de ces derniers se trouvent MM. les Curés-doyens de Corbara et de Calenzana et MM. les Curés d'Aregno, Catteri, Sant' Antonino, Occiglioni, Avapessa et Nessa. Comme on le voit, la très forte majorité du clergé de l'arrondissement de Calvi condamne la thèse de M. l'abbé Peretti. D'ailleurs, du moment que M. Peretti ne voit aucun mal à publier les lettres qu'il a reçues, pourquoi en verrait-il dans la publication de celles que nous avons reçues de notre côté? M. Peretti nous attaquant sur ce terrain, nous sommes bien forcé de nous défendre avec les armes qu'il nous a mises si imprudemment dans les mains. C'est de bonne guerre. Et puis, comme il

arguments ont dans une critique, surtout quand, d'autre part, il existe des arguments positifs.

C'est pourquoi je pense que, en attendant que ledit M. l'abbé Peretti ait trouvé d'autres raisons plus puissantes en faveur de Calvi, la Corse ne pourra prétendre à ce qu'on la considère comme le berceau du plus grand homme des temps modernes.

En vous assurant que je me souviens de vous avec gratitude, c'est avec la plus haute satisfaction que je me dis, Monsieur le vicaire, votre ami affectueux et serviteur dévoué.

Fr. François SAENS.

*
* *

Lettre d'un autre haut dignitaire de l'ordre de Saint-François.

Signor Vicecurato Stimatissimo,

Almio ritorno di Terra Santa, trovai il suo opuscolo riguardo al Colombo ove confute il S. Curato di Calvi.

Lei non puó immaginarsi, quanto mi sia grata questa attenzione; lo lessi con avidità; e le sue ragioni stringenti, confermarono piú quanto io credevo.

Fui sempre persuaso che i SS. Casanova e Peretti cantavano sempre fuor di Coro.

Nel 1881 m'incontrai col celebre nostro Padre M. da Civezza, conosciutissimo nel mondo letterario per i suoi scritti principalmente, per il *saggio di Bibliografie Etnografia, Geografia Francescana;* per la bella *storia sopra le missioni Francescane,* per

ne s'agit pas ici de question de personne mais d'histoire, il n'y a aucun mal ni aucun inconvénient à ce que chacun fasse connaître ouvertement son avis sur un point historique en litige, qui passionne si vivement le Balagne. Comme l'a si bien dit Mgr l'Évêque d'Ajaccio : « C'est du choc que jaillit la lumière. » C'est assurément de cette pensée, dont nous devons louer Sa Grandeur, que son clergé s'est inspiré en nous faisant connaître franchement son opinion. Il est bon enfin que l'on sache que MM. les abbés Fioravanti, Casanova et Peretti ne sont pas les porte-voix du clergé corse, qu'ils n'écrivent et n'agissent qu'en leur nom et pour leur compte personnel. Dans tous les cas, nos confrères seront fiers de se trouver en communauté de pensée avec les sommités de la science historique que nous avons citées plus haut. Voilà pourquoi nous leur demandons la permission de faire passer sous les yeux du public leurs lettres qui leur font le plus grand honneur, lettres dans lesquelles nous avons eu soin de retrancher ce qui ne se rapporte pas directement au sujet et ce qu'il y avait parfois d'un peu trop vif.

la sua *storia del Papato*, 3 volumi, scritta per ordine del regnante
S. Pontefice, etc., etc. Con questo P. parlai dello scritto del Casanova e le domandai il suo parere : mi rispose : « Che il Casanova
perdeva il suo tempo, giacchè scriveva senza conoscenza di causa.
Lo stesso, credo si potrebbe dire del Peretti.

Dopo averlo letto e riletto io stesso, lo communicai ad un
P. Gesuita che si trovava qui provisoriamente ; ed il suo giudizio,
lei lo avrá visto nella *Civiltá Cattolica.* Sono poche righe ; ma
dicono tutto : e per me sono decisive.

Le mie Congratutazioni á lei di tutto cuore e in tutta sincerità.
Solamente la prego di non deporre la penna ; ma di darsi ad altri
lavori storici giacchi potrá rendere grandi servizialle lettere.   .   .

.   .   .   .

Gradisea, etc.

*
* *

Lettre de M. l'abbé Durand,

Vicaire général de Tours.

Tours, 19 septembre 1889.

Cher Monsieur l'abbé,

Je voudrais pouvoir vous dire comme il faudrait toute la satisfaction de mon esprit et la joie de mon cœur, à cause de votre
travail et de mes sentiments personnels après la lecture du *Berceau
de Christophe Colomb et la Corse!* Il me semble que vos preuves
sont concluantes et qu'il sera impossible de répliquer victorieu-
sement.

Vos *si* de la page 45, qui résument si bien votre thèse, me
paraissent avoir la solidité du granit de votre pays, sans avoir rien
de rude ni de dur pour les adversaires, ce qui est un mérite et une
heureuse précaution oratoire pour un compatriote, dont le seul
argument peut paraître incivil à un Corse.

Je vous remercie, pour ma part, cher Monsieur l'abbé, de m'avoir
instruit en me procurant le plaisir délicat qu'on trouve à lire une
dissertation savante et courtoise, surtout quand elle vient d'une
plume amie.

Mgr Meignan m'a chargé de vous remercier affectueusement de
votre hommage, en ajoutant une petite malice qui n'est pas pour
vous, car vous avez ses bonnes grâces : « Il n'est pas très bon de

démontrer trop clairement aux Corses qu'ils n'ont pas raison. »

Je pensais, en entendant ce jugement, qui vous fait honneur, que, avec votre courtoisie et votre franchise renforcées de preuves solides et habilement présentées, vous sauviez votre personne et la vérité qui doit toujours être la *Magis amica*.

Veuillez agréer, etc.

L. Durand.

*
* *

Lettre du T. R. Père Constant,

Dominicain, Docteur en théologie et en droit canon.

Paris, le 29 juillet 1889.

Monsieur l'abbé,

Je vous remercie de la lecture que je vous dois d'une page d'impartiale et lumineuse critique. L'impartialité et la lumière, ce n'est pas chose si commune par le temps qui court. Tout n'y est-il pas, de nos jours, esprit de parti? L'intérêt et la passion n'arrivent-ils pas partout les premiers pour s'emparer de ce qui leur convient et s'adjuger large place? La vérité trouvera la sienne, ensuite, si elle peut.

Telle n'a pas été votre méthode, Monsieur l'abbé. Vous avez jugé que la première place était à la vérité et, qu'en histoire plus qu'en tout le reste elle avait *la primauté de juridiction*. Tout y prend ses ordres et se range à sa suite, et grâce à cette loi, rien n'y est fraudé du lot d'honneur qui lui revient. Vous avez compris que si l'on prenait à Gênes son Christophe Colomb, rien n'empêcherait qu'une jonglerie d'histoire ne vous prît, quelque jour, votre Napoléon. Il n'est rien dont on puisse défier un sophiste. Vous avez ainsi prouvé, Monsieur l'abbé, qu'en histoire comme en toute chose, la première habileté est et sera toujours la probité.

Veuillez agréer, etc.

F. Constant.

Lettre de M. l'abbé Venturini,

Curé-Forain de Corte, chanoine honoraire.

Corte, le 6 août 1889.

MONSIEUR LE VICAIRE ET CHER COMPATRIOTE,

..... J'ai lu d'un trait et avec infiniment d'intérêt votre docte brochure sur *le Berceau de Christophe Colomb et la Corse*; quelle que soit la peine sincère que j'éprouve en pensant à celle du cher abbé Peretti, comme la vérité m'est encore plus chère, je me fais un devoir de vous féliciter de l'avoir si bien défendue.

Continuez, Monsieur et cher confrère; si la Corse peut se vanter d'avoir des ecclésiastiques de votre valeur, elle se consolera facilement de ne pouvoir compter le héros des mers au nombre de ses enfants.....

Veuillez agréer, etc.

VENTURINI.

Lettre de M. Olivieri,

Chanoine honoraire, curé de Saint-Roch, à Ajaccio.

Ajaccio, le 30 juillet 1889.

MONSIEUR LE VICAIRE,

Je m'empresse de vous remercier de m'avoir envoyé votre remarquable écrit sur Christophe Colomb.

Après cette savante dissertation, les abbés Casanova et Peretti ne doivent pas être contents. Ils sont complètement battus. Tout en avouant mon incompétence en la matière, j'avais toujours considéré les travaux de nos confrères dont j'ai eu connaissance par le compte rendu de certains journaux, comme des élucubrations plus ou moins ingénieuses.

Vous venez de les réfuter de main de maître. Devant votre puissante argumentation, leurs échafaudages se sont écroulés. Je vous en félicite. Avant tout la vérité.

Agréez, etc.

L. OLIVIERI.

*
* *

Lettre de M. l'abbé Costa,

Curé-Doyen de Pietralba, chanoine honoraire.

Pietralba, 29 août 1889.

MON CHER AMI,

M'étant trouvé absent de ma paroisse, je n'ai pu prendre connaissance de ta savante brochure sur *le Berceau de Christophe Colomb
et la Corse*, que ces jours derniers. Je te félicite de l'hommage
éclatant que tu as rendu à la vérité historique et je plains bien sincèrement ce pauvre abbé Peretti que tu as littéralement assommé.
Nous avons, comme tu le dis si bien, assez de gloires, pour n'être
pas réduits à la nécessité de voler les gloires d'autrui.

Tuus, semperque tuus.

A.-F. COSTA.

*
* *

Lettre de M. l'abbé Quilici,

Curé, vicaire forain de l'Ile-Rousse, chanoine honoraire.

Ile-Rousse, le 5 septembre 1889.

BIEN CHER AMI,

La Corse ne saurait renoncer qu'à regret à la gloire qu'on a fait
miroiter un instant à ses yeux, d'avoir donné le jour à Christophe
Colomb.

Votre brochure, *le Berceau de Christophe Colomb et la Corse*,
renverse tous les arguments de l'auteur de *Christophe Colomb
Français, Corse* et *Calvais*, et détruit nos plus douces illusions.

. . . .

Bien à vous de cœur.

QUILICI.

*
* *

Lettre du T. R. P. Fondacci,

Prieur du couvent des Dominicains, à Cagliari (Sardaigne).

Cagliari, 20 janvier 1890.

MON BIEN CHER AMI,

J'ai lu avec un vif et double intérêt votre brochure : *le Berceau
de Christophe Colomb et la Corse*, et je vous en félicite bien sincè-

rement. Il est difficile de traiter en si peu de pages, d'une manière aussi solide, aussi lumineuse, aussi éclatante, une question qui a tant occupé les savants et les hommes les plus sérieux de ces derniers temps. Si votre travail n'est pas volumineux, il a une immense valeur historique.

Vous avez dû passer par-dessus des considérations de personnes et de lieu, vous avez très bien fait; cela vous fait grandement honneur. La vérité avant tout et contre tous, s'il le faut... Je suis convaincu que vos honorables contradicteurs doivent rendre hommage à votre droiture. Du reste, du moment qu'ils cherchent la vérité et rien que la vérité, ils doivent désirer que la lumière se fasse par la discussion que vous avez ouverte; car, à quoi bon s'appuyer sur des probabilités plus ou moins obscures, plus ou moins douteuses, pour s'attribuer une gloire qui ne serait pas nôtre? *Unicuique suum.*

Pour l'honneur de la Corse et dans l'intérêt même de MM. les abbés Casanova et Peretti, qui ont fait évidemment preuve d'un grand patriotisme, il est préférable que ce soit un autre enfant de la Corse qui leur ait démontré qu'ils n'étaient pas dans le vrai, plutôt qu'un étranger; de la sorte, l'amour-propre national est sauvegardé et nous donnons au monde une nouvelle preuve de notre amour pour la liberté et pour la vérité.

Je vous embrasse.

Fr. DOMINIQUE FONDACCI,
Des Frères-Prêcheurs.

*
* *

Lettre du R. P. Basile,

Gardien du couvent de Marcasso.

Marcasso, li 2 settembre 1889.

MOLTO R. SIGR. AB. ED AMICO CAR^{mo},

Quantunque io desideri da buon patriotta, che il celebre Cristoforo Colombo appartenga alla Corsica; pure nell'opera dell'abbate Peretti e Casonova, nontrovo una ragione sufficiente che mi soddisfi. Pel contrario le ragioni ed i documenti che vostra Signoria arreca per provare che e glisia nato in Genova o nella Liguria, non ammettono replica; e per ció ne son rimasto pienamente convinto. Laonde io tengo fiducia che ella abbia reso un vero servizio alla patria, rìsparmiandole un umiliazione che tosto o tardi gliene verrebbe dalla crittica dei dotti.

Quindi lodo la sua impresa veramente patriottica, perchè intesa ad illuminare e disingannare quelli, che, per un malinteso patriottismo, si sforzano di provare il contrario.

Gradisca in tanto, etc.

P. F. Basilio Savelli.

*
* *

Lettre du T. R. P. Émilien,
Gardien des Frères-Mineurs Capucins de Tuani.

Tuani, le 28 août 1889.

Monsieur le vicaire,

...J'ai lu quatre fois et avec la plus grande attention votre brochure intitulée : *le Berceau de Christophe Colomb et la Corse.* Pour ce qui est de mon simple avis, je vous dirai que si en lisant l'ouvrage de mon cher ami, M. l'abbé Peretti, je commençais à douter de l'origine calvaise du Grand Amiral, la lecture de votre travail, trop concluant, hélas! contre Calvi, m'a plus que convaincu du contraire.

Merci donc, Monsieur l'abbé, d'avoir dissipé mes doutes et détruit mes illusions sur cette question.......

Tous nous sommes obligés de vous remercier d'avoir rendu à vos compatriotes un véritable service, en dissipant leurs illusions, trop peu fondées, avec la lumière que vous avez faite, et en démontrant par des arguments irréfutables que Calvi n'a jamais été le berceau de Christophe Colomb.

. . . .

En attendant, je vous prie d'agréer, etc.

P. Émilien de Vallecalle.

*
* *

Lettre de M. l'abbé Orsini,
Curé-Doyen de Belgodere.

Belgodere, le 27 septembre 1889.

Mon bien cher ami,

J'ai lu et relu votre brochure et, pour ma part, je trouve que vous avez vidé la question, et que pour détruire vos preuves,

MM. Casanova et Peretti n'ont qu'un moyen, un seul, c'est de produire l'acte de naissance du célèbre Navigateur. Il y avait bien une tradition d'après laquelle l'honneur d'avoir donné naissance au Héros des mers revenait à la Corse : vous l'avez détruite, et, quoi qu'on dise, vous n'avez cessé d'être aussi bon patriote que vos deux adversaires. Car, outre que la Corse a eu assez de grands hommes pour se consoler de n'avoir pas été le berceau de celui-ci, un historien, digne de ce nom, doit avant tout rendre hommage à la vérité, et prendre pour devise : *suum cuique*. MM. Casanova et Peretti ont failli à ce devoir, le dernier surtout qui a été pris la main dans le sac quand vous lui avez montré qu'il a falsifié des textes, chose tellement grave, à mes yeux, qu'il lui sera impossible de se justifier.

Je n'ai qu'à ajouter que votre brochure sera un vrai régal pour les érudits et les lettrés.....

Mille amitiés.

L'abbé M. Orsini.

*
* *

Lettre de M. l'abbé Graziani,

Curé-doyen de Muro.

Muro, le 3 août 1889.

Monsieur le vicaire et cher ami,

En vous remerciant de votre délicate attention, j'ai lu avec le plus grand intérêt votre réfutation de l'ouvrage de M. le curé Peretti.

Je suis heureux de vous féliciter cordialement de votre courage et de votre grand amour de la vérité.

D'après mon humble avis, partagé par mes confrères, vous avez démoli pièce à pièce l'échafaudage élevé à si grand'peine...

Que Messieurs les curés Casanova et Peretti se tiennent au repos et qu'ils fassent leur deuil de la naissance du grand Navigateur à Calvi.

Il faut écrire l'histoire pour l'histoire, et il ne faut pas prendre des apparences pour des réalités. J'avoue franchement que *i cani Corsi e le tonine* m'ont bien amusé...

J.-B. Graziani.

*
**

Lettre de M. Savelli,
Curé-doyen de Speloncato.

Speloncato, le 10 octobre 1889.

Monsieur le vicaire et cher confrère,

Après une absence de quelques jours, j'ai trouvé en arrivant chez moi la brochure que vous avez bien voulu m'envoyer : *le Berceau de Christophe Colomb et la Corse.* Ce travail aussi sérieux qu'intéressant me démontre une fois de plus votre rare talent et votre haute intelligence. Après l'avoir lu une première et une seconde fois, je ne puis qu'en approuver les conclusions et vous prier d'en agréer mes sincères félicitations.

Daignez agréer, etc., etc.

D. Savelli.

*
**

Lettre de M. l'abbé Quilici,
Curé-doyen de Castifao.

Castifao, 7 août 1889.

Mon cher ami,

... J'arrive à ta réfutation de l'ouvrage de M. l'abbé Peretti ; « Christophe Colomb n'est pas né dans la ville de Gênes ; donc il a pu naître à Calvi ; donc il est né à Calvi ; » à travers beaucoup d'érudition je crois que tout se réduit à cette argumentation dans l'ouvrage que tu as entrepris de réfuter. Tu as soufflé sur un château de cartes, et patatra !..

J'ai été heureux de voir que la *Civilta cattolica* ne juge pas autrement que toi les efforts tentés pour étayer les prétentions de Calvi.

Après la lecture de ta brochure, une réflexion s'est présentée à mon esprit : M. l'abbé Casanova avait encouragé, en laissant planer quelques doutes sur la question, les prétentions calvaises ; M. l'abbé Peretti les a dissipées totalement, ces pauvres prétentions, par son trop de lumière...

Toujours est-il qu'il a fallu une forte dose de courage pour publier ton travail...

Crois-moi, etc.

J. Quilici.

*
**

Lettre de M. l'abbé Maraninchi,

Curé-doyen de Nonza.

Nonza, le 14 janvier 1890.

MON CHER MONSIEUR CASABIANCA,

J'ai lu, à deux reprises différentes, et avec une attention soutenue, votre brochure sur le berceau du grand Navigateur, et j'avoue qu'au point de vue strict de la vérité historique, il sera difficile de la réfuter. J'ai également suivi tout ce qu'ont publié sur le même sujet, et le *Conservateur* d'Ajaccio et le *Petit Bastiais*. Ces divers documents ont-ils été de nature à établir dans mon esprit une conviction quelconque sur la patrie du héros des mers ! Je ne vous cache pas que la réponse est négative. *Adhuc sub judice lis est.* Puisque vous avez commencé, vous aurez à cœur d'éclaircir ce point historique et je fais des vœux pour que Calvi, — que voulez-vous ? amour-propre de race, — soit reconnu comme ayant donné le jour à ce génie autrement célèbre que Bonaparte.

. . . .

Veuillez, etc.

C. MARANINCHI.

*
**

Lettre de M. l'abbé Lanfranchi.

Curé de Santa-Reparata.

Santa-Reparata, le 31 juillet 1889.

MONSIEUR ET CHER CONFRÈRE,

Je lisais l'ouvrage de M. l'abbé Peretti, lorsque votre remarquable brochure m'est parvenue comme un soulagement à la tension d'esprit que ce travail par trop subtil imprimait forcément à ma pauvre intelligence.

J'ai été étonné de ses laborieuses recherches, j'ai admiré son talent ; car s'il n'a pas réussi à prouver l'origine calvaise du grand Navigateur, il a fait preuve de vastes connaissances...

Soyez le bien venu, cher Monsieur le vicaire ; votre brochure met à néant toutes ses probabilités, ses inductions.

Les *Inconnues* du problème, ses *substitutions* et *équivalences*, *l'équation* enfin, demeurent sans solution...

... Je vous félicite de votre savante et historique narration ; avec cette diction à la fois éloquente et courtoise, vous avez donné aux textes et aux passages des historiens cités pour les besoins de la cause, leur véritable signification.

Merci donc, cher Monsieur le vicaire, de votre hommage affectueux et veuillez agréer, etc.

P.-J. Lanfranchi.

*
* *

Lettre de M. l'abbé Salducci,

Curé de Lavatoggio.

Lavatoggio, le 26 août 1889.

Monsieur et cher confrère,

Je viens de lire, avec un intérêt toujours croissant votre savante brochure : *le Berceau de Christophe Colomb et la Corse.*

Dans cet écrit où le fond et la forme se confondent dans un ensemble harmonieux, vous démontrez d'une manière péremptoire que le grand Navigateur n'a pas vu le jour à Calvi, mais bien dans la Ligurie.

Je suis d'avis que quiconque lira votre écrit sans parti pris, dira que MM. les curés Casanova et Peretti ont caressé un beau rêve, si l'on veut, mais rien qu'un rêve, en voulant donner à la Corse et à Calvi en particulier une illustration que le monde civilisé se refusera pertinemment à reconnaître.

Non, Christophe Colomb, malgré le livre de M. l'abbé Peretti, ne comptera pas parmi nos gloires insulaires ; et les ingénieuses inductions de l'auteur ne font que confirmer la vérité de l'adage :

Causa non bona fit patrocinio pessima...

Puisse la ville de Calvi profiter de la leçon et renoncer à tout jamais à organiser d'autres fêtes qui en définitive tourneront à sa confusion.

Veuillez, etc.

A.-F. Salducci.

* **

Lettre de M. l'abbé Alfonsi,

Curé de Montemaggiore.

Montemaggiore, le 30 juillet 1889.

MON BIEN CHER CASABIANCA,

... M. l'abbé Peretti me paraissait avoir fait tout ce qu'il était humainement possible de faire, non pas pour dissiper toute incertitude touchant l'origine calvaise ou ligurienne de Christophe Colomb, mais tout au moins pour jeter un peu de *lumière* sur le berceau du grand Amiral.

Encore une illusion qui disparaît après tant d'autres ; et cette fois c'est la logique sévère, impitoyable, mise au service d'une intelligence éclairée et d'un cœur aimant ; c'est cette logique qui me donne tort contre moi-même, contre mes tendances les plus chères, contre ce que je croyais un patriotisme de meilleur aloi.

Non, è guicoforza il confessarlo, Christophe Colomb ne peut plus être revendiqué comme notre compatriote. Quiconque lira avec quelque attention ta brochure, après avoir étudié l'ouvrage de l'abbé Peretti, sera forcé de reconnaître que les arguments de ce dernier, qui paraissaient si solides à première vue, ne sont qu'un mirage trompeur, qu'un beau monument bâti sur le sable.

J'aime la Corse, cher ami..., Calvi n'a pas d'amis plus dévoués que moi, mais la vérité avant tout : et, quoi qu'il en coûte à mon patriotisme, je ne dirai jamais avec tel publiciste : *Je soutiens cette thèse, donc cette thèse est la bonne ; donc quiconque s'en éloigne est un mauvais logicien, voire un mauvais patriote.*

Il se peut que ta brochure soulève des protestations ;... que peut t'importer tout cela ? Fort de ton droit et du concours dévoué de ceux qui savent apprécier les motifs de ton intervention dans ce débat,

Non ti curar di loro ma guarda e passa !

A toi d'affection,

AL. ALFONSI.

*
* *

Lettre de M. l'abbé Marchesi,
Curé de Ville di Paraso.

Ville di Paraso, le 2 juillet 1889.

BIEN CHER AMI,

En lisant l'ouvrage de M. l'abbé Peretti sur Christophe Colomb,
je me disais à chaque page que la Ligurie et surtout Gênes perdaient
enfin le héros des mers, et que Calvi était vraiment le lieu de naissance du grand Amiral; mon cœur de patriote en était ravi. Mais,
hélas! éphémère est la joie d'ici-bas. Votre brochure paraît; je la
lis, et vois, malgré moi, tomber une à une les raisons que M. le curé
Peretti donne en faveur de sa thèse. C'est fâcheux; mais il faut que
la lumière se fasse et que la vérité se dise; c'est pourquoi je ne puis
vous blâmer, cher ami, car, *Amicus Plato, sed magis amica veritas.*

Veuillez, etc.

MARCHESI.

*
* *

Lettre de M. l'abbé Costa,
Curé de Lunghignano.

Lunghignano, le 13 août 1889.

CHER MONSIEUR CASABIANCA,

J'ai lu votre brochure; je vous remercie de l'avoir faite et de me
l'avoir envoyée. Voici ma réponse : c'est clair, c'est précis et solide,
mais seulement pour ce que vous traitez. Sous une forme courtoise
et un vernis tout parisien, votre travail dissimule une grande
vigueur, une vigueur je dirai presque brutale, sous la poussée de
laquelle tout cède, tout s'effondre, tout s'effrite, tout s'évapore et
s'évanouit... C'est le cas de s'écrier ou jamais : *vanitas vanitatum...!*

Eh bien, vrai! je le regrette pour ce pauvre et cher abbé Peretti
qui, comme le chevalier de la triste figure, à la perte de son casque,
objet de tant de patients et ingénieux labeurs, doit se sentir désolé
de voir qu'une œuvre qui lui avait coûté tant de fatigues et de
veilles, n'aboutit qu'à un si énorme... f...

... Je le regrette aussi pour son devancier dans la carrière, sym-
bole frappant de Ch. Colomb, comme il l'est lui Améric Vespuce en
cette affaire.

... Adieu donc, rêves de gloire! douces illusions, adieu! Eh bien, tant pis!...

A vous de bien bon cœur.

A.-F. Costa.

*
* *

Lettre de M. l'abbé Angelini,

Curé de Cassano.

Cassano, le 1er septembre 1889.

Mon cher Monsieur Casabianca,

Avant de vous dire l'impression que votre savante brochure a faite sur mon esprit, j'ai voulu la relire.

Imbu dès mon enfance de la patriotique tradition qui donnait à notre petite ville de Calvi la gloire d'avoir produit le Héros des mers, je ne pouvais me résoudre à me défaire de certains préjugés auxquels je tenais comme à mon être.

. Mais on ne peut résister à la vérité. Les preuves que vous apportez contre la supposition qui fait de Colomb un enfant de la Corse, sont telles qu'on ne saurait se laisser entraîner par un sentiment mal entendu de patriotisme.

Aussi ne puis-je m'empêcher de vous avouer que, quoi qu'il m'en coûte, je dis adieu au rêve si longtemps caressé qui me faisait le compatriote du grand Amiral...

Malgré mon vif amour pour la Corse, je ne puis emboîter le pas dans une fausse route et je préfère renoncer à ce qui ne nous appartient pas, plutôt que de me rendre ridicule; et, après votre travail, on l'est ridicule, si l'on persiste à soutenir une thèse avec des arguments tels que ceux que vous présentent vos adversaires.

Veuillez agréer, etc.

F. Angelini.

*
* *

Lettre de M. l'abbé Antonini,

Curé d'Algajola.

Algajola, le 5 septembre 1889.

MONSIEUR ET CHER CONFRÈRE,

J'éprouve le besoin de vous écrire pour vous exprimer ma satisfaction au sujet de votre brochure : *le Berceau de Christophe Colomb et la Corse.*

Pour rendre hommage à la vérité, à l'histoire, je dois vous dire que vous avez rendu un très grand service à la Corse et surtout à notre chère Balagne.

Que dirait-on de nous, *Balanins,* si nous élevions à Calvi une statue à un Génois qui n'a rien à faire avec cette ville? On se moquerait de nous :

Heureusement que vous avez eu la bonne idée de nous dissuader d'une telle entreprise, en nous prouvant que le grand Colomb n'est pas né à Calvi.

Agréez, etc.

L. B. ANTONINI.

*
* *

Lettre de M. l'abbé Orsolani,

Curé d'Occhiatana.

Occhiatana, le 18 août 1889.

CHER MONSIEUR CASABIANCA,

Je vous écris en toute hâte, d'abord, pour vous remercier de l'envoi de votre brochure : *le Berceau de Christophe Colomb et la Corse,* et vous féliciter de ce petit monument que vous avez eu le courage d'élever en l'honneur de la vérité historique; ensuite, pour vous inviter à chanter la messe de dimanche prochain, fête du saint titulaire de notre paroisse.

. . . .

En attendant le plaisir, etc.

D. ORSOLANI.

*
**

Lettre de M. l'abbé Lanzalavi,
Curé de Costa.

Costa, le 28 août 1889.

MON CHER AMI,

J'ai reçu votre brochure : *le Berceau de Christophe Colomb et la Corse*. Je l'ai lue d'un trait et je vous dirai que c'est un petit chef-d'œuvre.

En dix pages, vous avez résumé le gros livre de M. l'abbé Peretti, qui prétend prouver que Christophe Colomb est *Corse* et *Calvais*.

Vous avez admirablement réfuté, dans votre brochure, les vaines raisons sur lesquelles s'appuie cette prétention ; et, tirant une conclusion toute contraire, vous faites toucher du doigt que le berceau du grand Amiral est ailleurs et pas à Calvi.

J'ose espérer qu'un jour la Corse vous saura gré de lui avoir dessillé les yeux.

Tout à vous,

A. F. LANZALAVI.

*
**

Lettre de M. l'abbé Paoli,
Curé de Feliceto.

Feliceto, le 31 août 1889.

BIEN CHER AMI,

Dernièrement j'ai reçu votre brochure au sujet *du Berceau de Christophe Colomb*.

Tout Corse aurait bien désiré, comme vous, que Christophe Colomb fût né à Calvi ; mais la vérité est l'œuvre de la justice, et, en cela, je vois bien que vous êtes certainement un ami de la vérité, et que, dans votre travail, tout en réfutant le livre de M. l'abbé Peretti, vous dites la vérité et rien que la vérité, en démontrant, au moyen des auteurs qu'il vous a mis dans les mains, que le grand Amiral est né dans la Ligurie.

Veuillez agréer, etc.

PAOLI.

* *

Lettre de M. l'abbé Renucci,
Curé de Rutali.

Rutali, le 9 septembre 1889.

MON CHER AMI,

... J'ai reçu ta brochure : *le Berceau de Christophe Colomb et la Corse*. Je l'ai lue avec le plus vif intérêt ; si elle me fût parvenue deux mois plus tôt, je me serais économisé la petite somme de 8 francs, prix de deux exemplaires de l'ouvrage de M. l'abbé Peretti.

Je te félicite de ton travail que d'autres plus à même de te juger que moi ont approuvé sincèrement...

.   .   .   .

Je t'embrasse, etc.

A.-J. RENUCCI.

* *

Lettre de M. l'abbé Savelli,
Curé de Pigna.

Pigna, le 19 septembre 1889.

MONSIEUR ET CHER CONFRÈRE,

J'ai lu avec le plus grand intérêt votre brochure : *le Berceau de Christophe Colomb et la Corse*.

Cet ouvrage, concis, plein d'érudition et de clarté, enlève toute probabilité aux prétentions de Calvi.

Vous broyez d'un trait de plume les raisons apportées par M. l'abbé Peretti. Trop malheureusement pour nous, habitants de la belle Balagne, vous démontrez par des raisons péremptoires que l'illustre Navigateur n'est pas né à Calvi ; et c'est pour nous épargner des humiliations que vous avez entrepris ce travail... L'amour seul de la vérité a fait taire en vous toute considération secondaire ; je loue et admire votre courage et votre intrépidité à réfuter l'erreur...

Un jour, je n'en doute pas, les habitants de Calvi et de la Corse, tout en exaltant vos talents et vos mérites, vous seront bien reconnaissants du service que vous avez rendu.

Veuillez agréer, etc.

J.-A. SAVELLI.

[illegible]

DEUXIÈME PARTIE

SOLUTION DES OBJECTIONS

Nous avons dit que nous nous proposions en second lieu de réfuter les objections [1] que M. Peretti nous a faites à l'occasion de notre brochure.

Si M. le Curé de Sainte-Marie, ainsi que nous l'avons déjà remarqué, ne nous a pas donné une réponse détaillée, il a cependant résumé sa pensée dans un article qui a paru dans *le Petit Bastiais* du 22 septembre 1889, et dans deux autres, qu'a donnés *le Conservateur* du 14 et du 21 novembre de la même année.

Or M. l'abbé Peretti nous objecte : 1° notre inscription en faux contre les appréciations de Mgr de la Foata, évêque d'Ajaccio, du R. P. Chapotin, Dominicain, du ministère de l'instruction publique et du Conseil municipal de Paris.

2° La petitesse de notre lieu de naissance. (M. Casabianca, dit-il, est de Pigna. » Comme ce village est minuscule, il ajoute pour le faire connaître : « près de Corbara. »)

3° Notre nationalité de Corse, autrement dit notre patriotisme. « Il nous en coûtait, dit-il, de faire savoir à la Corse qu'un prêtre corse avait, etc., etc. »

4° Notre lettre aux conseillers généraux de la Corse.

5° Notre isolement : « M. Casabianca, dit-il, est seul à tenir le langage qu'il tient. »

---

1. Aucune de ces objections ne touche au fond du débat. Elles visent toutes la forme. Ce ne sont pas des objections de principes, mais des objections de personnes, de lieu; ce n'est ni la raison ni le sens critique qui les ont inspirées, mais bien la passion, le dépit, l'amour-propre de clocher. Que fait à la question du berceau soi-disant calvais de C. Colomb que celui qui l'attaque soit Corse ou Chinois, de Paris ou de Brives-la-Gaillarde, abbé ou militaire? Nous sommes vraiment peiné et humilié de nous voir dans la nécessité de relever des objections de ce genre.

6° Il nie d'avoir altéré aucun texte.

Enfin nous dirons un mot de ses explications des mots *Provincia* et *Liguria*. Nous ferons trois remarques sur *la Vie de Christophe Colomb*, par M. l'abbé Casanova et nous examinerons brièvement quelques assertions et l'attitude de M. le chanoine Fioravanti.

Répondons successivement à ces objections :

Première objection. — Avant de répondre à la première, faisons deux remarques : la première, c'est qu'il n'y a rien d'irrévérencieux à s'inscrire en faux contre un évêque pas plus que contre un Pape, quand il s'agit d'une question *historique* en *litige*; il y a quinze siècles que saint Augustin a écrit : *In dubiis libertas*; et Dieu sait si le clergé séculier et régulier, si les évêques, les cardinaux et les Papes eux-mêmes ont usé de cette liberté primordiale :

La nature en tout temps garde ses premiers droits.

Or rien n'a été plus discuté que le lieu de naissance de Christophe Colomb.

La seconde, c'est qu'il est souverainement regrettable que M. Peretti ait eu la malencontreuse pensée de jeter en pâture à la critique le nom vénéré de Mgr l'Évêque d'Ajaccio; un nom que la discrétion, le tact et les plus élémentaires convenances devaient laisser dans l'auguste silence de la dignité épiscopale. C'est plus qu'une maladresse, c'est une grosse erreur, une criante injustice; ceci nous amène à formuler notre réponse : Il n'est pas vrai que Mgr de La Foata, par sa lettre à l'auteur, ait approuvé sa thèse et reconnu *Christophe Colomb Français, Corse et Calvais*. On ne saurait au contraire trop admirer sa réserve, sa prudence et sa modération, trois qualités qui dénotent, chez l'éminent prélat, une sagacité critique remarquable et une circonspection qui font honneur à son esprit élevé et indépendant.

Voici d'ailleurs les principaux passages de la lettre de Sa Grandeur :

. . . .

« Votre travail obtiendra-t-il auprès du public l'accueil et l'adhésion que je lui souhaite de bon cœur? La lecture, à la vérité incomplète et rapide, que j'en ai faite me donne lieu de l'espérer.

« C'est pourquoi, en acceptant l'hommage de votre livre, je ne puis m'empêcher d'encourager vos savantes études et de donner à votre patriotisme tous les éloges qu'il mérite.

« Vos efforts ne seront point stériles : la discussion que vous venez d'ouvrir intéresse au plus haut point les érudits et les hommes de la science. Et comme c'est du choc que jaillit la lumière, la vérité ne tardera pas à briller après une dissertation si lumineuse.

« En attendant le verdict de l'opinion publique, vous trouverez, mon cher curé, une large récompense de vos travaux dans la consolation d'avoir employé les heures libres de votre ministère à une cause digne de la science et de la religion, dans la reconnaissance de vos compatriotes et dans l'estime de votre tout dévoué.

« † Paul, évêque d'Ajaccio. »

Pour tout lecteur clairvoyant et sincère, il résulte de cette lettre :

1° Que Sa Grandeur n'approuve ni ne rejette formellement la thèse de l'auteur ; elle réserve son sentiment.

2° Qu'elle se demande si le public adhérera à cette thèse. Elle « l'espère, » mais elle n'ose l'affirmer.

3° Qu'elle se contente d'encourager ses études et de louer son patriotisme.

4° Enfin, qu'elle donne clairement à entendre que cette discussion provoquera de nouvelles recherches, des approbations ou des réfutations, « et que du choc de ces opinions contradictoires jaillira la lumière ».

Or, si Mgr d'Ajaccio n'a pas approuvé la thèse de M. l'abbé Peretti (approbation que ce dernier avait évidemment rêvée), il s'ensuit que c'est à tort que mon confrère m'accuse de m'être inscrit en faux contre une approbation purement imaginaire.

Mais nous voulons aller plus loin ; même en admettant que Mgr de la Foata ait réellement approuvé la thèse de M. l'abbé Peretti, qui me dit que Sa Grandeur n'a pas été induite en erreur par des textes tronqués ou falsifiés, ou « par la lecture incomplète et rapide de l'ouvrage »? Serait-ce la première fois que l'on verrait des évêques, des archevêques et même des cardinaux donner hâtivement une approbation qui exciterait plus tard tous leurs regrets ?

Il y a trois ans, M. H. Lasserre faisait paraître les Saints Évangiles, traduction nouvelle; muni de l'Imprimatur de l'autorité diocésaine, cet ouvrage recueillit bientôt les éloges et les approbations de beaucoup de membres de l'épiscopat français. Le cardinal-vicaire de Sa Sainteté écrivait à l'auteur « que sa traduction française des Saints Evangiles était une illumination de génie » ; et le cardinal Jacobini était chargé « par le Pape de lui adresser ses louanges pour le dessein dont il s'était inspiré dans l'exécution de cette œuvre pleine d'intérêt [1] ».

Eh bien ! malgré ces félicitations, ces éloges et ces augustes approbations, le livre a été bel et bien, l'année dernière, frappé par la congrégation de l'Index. Or, si la bonne foi de ces savants et vénérés personnages a été un instant surprise sur une question d'exégèse, qu'y aurait-il d'extraordinaire à ce que celle d'un prélat, — si distingué fût-il, — l'ait été sur une question d'histoire? Mais nous revenons à notre point de départ et nous disons : non : il n'est pas vrai que Mgr l'évêque d'Ajaccio ait approuvé, *par sa lettre*, le fond de l'ouvrage de M. l'abbé Peretti; par conséquent, nous ne nous sommes pas inscrit en faux contre l'approbation de Sa Grandeur.

Pour ce qui est de la lettre du R. P. Chapotin, qui s'est bien un peu imprudemment aventuré en reconnaissant « que Calvi a plus de droit que Gênes, à revendiquer C. Colomb, » elle nous fait plutôt l'effet d'une absolution *in extremis* pour une hérésie historique que d'une approbation proprement dite; c'est en effet avec la formule *quantum possum et tu indiges* que l'indulgent Dominicain donne à M. Peretti « l'autorisation de faire de sa lettre l'usage qu'il lui plaira ». En effet, le Révérend Père reconnaît « que l'ouvrage en question n'est pas *absolument concluant;* qu'il ne *tranche* pas la question de manière qu'il n'y ait *plus à y revenir* ». Est-ce là une approbation? Au lecteur de répondre.

Et maintenant que dire de la souscription faite à l'ouvrage de M. l'abbé Peretti, par le ministère de l'Instruction publique, et du décret de M. Grévy, autorisant l'érection d'une statue à Christophe Colomb dans la ville de Calvi? Nous nous contenterons de répondre : 1° que le monde savant se demande par quelle étrange surprise on a pu obtenir ce décret et cette souscription; 2° que nous avons lieu de croire que le *gouvernement, mieux informé, s'inspirant de la dignité de la France et de la probité historique*, ne faillira pas à son devoir; 3° que nous espérons avoir prochainement le dernier mot de cette souscription énigmatique *et qu'on regrette en haut lieu.*

1. *Les Saints Evangiles*, édition illustrée, avertissement de l'éditeur pp. 5, 6, 7. Paris MDCCCLXXXVIII.

Deuxième objection. — Il y a un point surtout qui trouble profondément notre impressionnable confrère et qui dépasse son intelligence; M. Peretti ne peut pas digérer qu'un « prêtre corse, de l'arrondissement de Calvi, que dis-je? de *Pigna*, près de Corbara, ait osé, » etc., etc.

Avant de répondre à cette observation, nous tenons à donner un bon point à notre confrère pour sa science géographique; nous trouvons « Pigna près de Corbara » délicieux; nous tenons aussi à le remercier de nous fournir l'occasion de saluer avec amour notre pays natal et à lui demander si, en disant « Pigna près de Corbara », il entend le distinguer d'une autre commune qui porterait le même nom; c'est ainsi qu'on dit Marseille près de Beauvais, pour distinguer ce chef-lieu de canton d'avec le chef-lieu des Bouches-du-Rhône; Vienne, en Dauphiné, pour le distinguer de la capitale de l'Autriche, et Bourg en Bresse pour le distinguer de Bourg, chef-lieu de canton de la Gironde; or, malgré ses connaissances géographiques, nous mettons M. Peretti au défi de trouver un autre Pigna en Corse; *Pigna près de Corbara,* géographiquement parlant, constitue un non-sens sous la plume de notre confrère.

Mais disons tout de suite qu'en parlant de Pigna, M. Peretti est animé de la même pensée qui animait le dédaigneux Nathanaël quand il répondit à Philippe : « Est-ce qu'il peut venir quelque chose de bon de Nazareth? » *A Nazareth potest aliquid boni esse?*

Nous répondons donc : 1° que nous sommes très heureux d'être né dans la petite commune de Pigna, qui rachète l'exiguité de son étendue par le bon sens, l'aménité et l'union de ses paisibles habitants.

> C'est un petit village ou plutôt un hameau,
> Bâti sur le penchant d'un long rang de collines,

dominant une plaine fertile et la mer bleue; environné d'orangers, de citronniers et de jardins qui l'embaument de leurs parfums; rehaussé par l'antique oratoire de Notre-Dame del Lazzo (Latium) et par le superbe couvent des Révérends Pères Dominicains, où nous avons eu la bonne fortune de commencer nos études latines, sous la direction de deux maîtres vénérés, dont l'un est mort dans la pourpre du martyre [1] et l'autre honore aujourd'hui

---

1. Le T. R. P. Bourard.

la pourpre romaine [1]; le petit village de Pigna, disons-nous, délicieux berceau de notre enfance, nous le chérissons avec tendresse,
nous le revoyons toujours avec bonheur, nous n'y pensons jamais
sans émotion et volontiers nous répétons le vœu du patriarche de
l'Idumée : *In nidulo meo moriar!*

Nous répondons : 2° que M. Peretti nous paraît bien téméraire
de vouloir mettre des bornes à la bonté et à la puissance de Dieu.
Eh quoi! le Tout-Puissant se plaira à confier à l'humble violette
un doux parfum qu'il refuse au chêne orgueilleux des forêts; à
déposer des perles précieuses dans les valves d'un petit mollusque, de
préférence au gigantesque cétacé; à confier un rayon de miel à la
gueule d'un lionceau, et il lui sera défendu de donner un peu
d'intelligence à un homme créé à son image, cet homme fût-il un
habitant de *Pigna, près de Corbara?*

Nous répondons : 3° que, du moment que le prophète Balaam
accueillit avec respect l'oracle que lui annonçait son ânesse; que
les mages de l'Orient reçurent, avec reconnaissance, la lumière que
leur apportait un météore mystérieux; que le grand prêtre Héli
pressa avec instance le jeune Samuel de lui faire connaître les
oracles du Seigneur, M. l'abbé Peretti qui n'est ni un prophète, ni
un mage, ni un grand prêtre, devrait se montrer moins difficile et
moins dédaigneux à l'endroit de quelques observations qui lui vien-
nent d'un confrère dans le sacerdoce, fût-il de *Pigna, près de Corbara.*

Nous répondons : 4° que M. Peretti semble complètement ignorer
la loi des petites causes et des grands effets; n'est-ce pas un caillou
qui a terrassé le géant Goliath, et une petite pierre qui a renversé
la statue colossale de Nabuchodonosor? Pascal n'a-t-il pas dit
« qu'un petit gravier dans l'urètre de Cromwell a empêché le tyran
de ravager l'humanité, et que si le nez de Cléopâtre eût été plus
court, toute la face de la terre aurait été changée? » Et saint Paul
n'a-t-il pas écrit « que Dieu choisit de préférence les humbles et
les méprisés pour confondre les grands et les puissants », *humilia
et contemptibilia eligit Deus ut confundat fortia?* Si cette loi
existe, qu'y a-t-il d'étonnant à ce qu'une parole partie du petit Pigna
ait fait évanouir le C. Colomb fantastique conçu à grand'peine par
M. Peretti dans la citadelle de Calvi? Notre confrère s'imaginerait-
il par hasard, avoir monopolisé l'intelligence et le savoir parce qu'il

____

1. S. Em. le cardinal Zigliara.

est né dans une commune de 950 habitants? Les grandes causes ne produisent pas toujours de grands effets!

La montagne en travail enfante une souris.

Nous savons bien, par ouï-dire, qu'il est de l'école de ceux qui pensent que

Nul n'aura de l'esprit hors eux et leurs amis;

mais nous savons aussi que l'esprit souffle partout où il veut : *spiritus ubi vult spirat*, sur les montagnes et dans les plaines, dans les hameaux aussi bien que dans les cités. Nous savons de plus que M. Peretti n'a pas absorbé tout cet esprit et qu'il ne peut pas dire comme le Prophète : *Os meum aperui et attraxi spiritum*; Non : il en reste encore un peu pour le commun des hommes, voire même pour les *habitants de Pigna*. Elle est vraiment comique cette prétention que Dieu répand l'intelligence d'après l'étendue des lieux !

Troisième objection. — Arrivons maintenant au reproche tiré du patriotisme : « Comment, dit M. Perretti, un prêtre corse a-t-il... osé? », etc., etc.

Ce grief est en opposition formelle avec les dernières lignes de son ouvrage où il « invite la critique à lui dire s'il s'est trompé ». Si M. Peretti avait voulu fermer la bouche et enchaîner les mains de ses compatriotes, il aurait dû mettre une restriction à son invitation et la formuler ainsi : « A la critique du monde entier (celle des Corses exceptée) de me dire si je me suis trompé. » Mais du moment qu'il a fait une invitation *générale*, il devait bien s'attendre à ce que *ses compatriotes y répondissent les premiers*; c'était leur droit, je dirai plus, c'était leur devoir. M. l'abbé Perreti s'était tout simplement imaginé que du moment qu'il avait composé un livre, ses compatriotes devaient se contenter d'admirer et se taire; c'est là une erreur puérile.

Il a eu tort de croire

. . . qu'un livre fait tout et que sans Aristote
La raison ne voit goutte et le bon sens radote.

Il a tort surtout de s'étonner qu'un compatriote se permette de critiquer son travail. Est-ce que de tout temps les hommes n'ont pas critiqué leurs compatriotes aussi bien que les étrangers?

Pour n'en citer qu'un seul exemple, n'entendons-nous pas Perse critiquer ces quatre vers fameux?

> Torva Mimalloneis implerunt Cornua bombis,
> Et raptum vitulo caput ablatura superbo
> Bassaris, et lyncem Mœnas flexura Corymbis,
> Evian ingeminat reparabilis assonat Echo [1].

Or, sait-on de qui sont ces vers barbares? Non seulement d'un compatriote de Perse, mais d'un terrible empereur, de Néron lui-même, qui fut assez galant homme pour que l'empereur ne se souciât pas de prendre les intérêts du mauvais poète.

Nous ne dirons rien de Boileau, sinon que nous lui emprunterons cette boutade :

> Faut-il d'un froid rimeur dépeindre la manie?
> Mes vers, comme un torrent, coulent sur le papier;
> Je rencontre à la fois Perrin et Pelletier.
> Bonne-Corse, Pradon, Colletet, Titreville;
> Et pour un que je veux, j'en trouve plus de mille [2].

Or, tous ces messieurs étaient ses compatriotes.

Du moment que M. Peretti se livre au public, il donne par là même à *tout le monde* la faculté de le critiquer, de même que tout le monde au théâtre a le droit de siffler une pièce qui n'est pas de son goût :

C'est un droit qu'à la porte on achète en entrant.

Répondons donc à l'accusation de M. Peretti, car c'en est une; il attaque notre patriotisme.

Et d'abord, nous ne reconnaissons à personne le droit de suspecter notre patriotisme; d'ailleurs, nous sommes assez connu, Dieu merci, en Corse, pour ne pas craindre cette accusation de personne autre que d'un confrère qui, n'ayant pas de raisons à nous donner, nous répond par des injures qui nous laissent parfaitement insensible; et puis notre patriotisme a été apprécié par des juges dont la compétence est au-dessus de toute contestation et il se passe de l'approbation d'un adversaire aux abois.

Nous répondons ensuite en demandant à notre confrère ce qu'il entend par patriotisme : si par patriotisme, il entend laisser son pays dans l'erreur, l'approuver dans ses indélicatesses historiques,

1. Satire, I, v. 100.
2. Satire, VII.

lui conseiller de jeter son argent par la fenêtre et l'exposer sciemment aux risées, aux moqueries et aux humiliations des étrangers et des érudits, nous avouons sincèrement que nous ne sommes pas patriote, que nous rougirions de l'être à ce prix, que nous nous croirions déshonoré, criminel, traître à la patrie, et dans ce cas nous répéterions généreusement le fier et glorieux cri de nos pères : *Potius mori quam fœdari*. Mais, si par patriotisme il entend : dire la vérité à son pays dans son intérêt; l'empêcher de commettre un vol dans le domaine de l'histoire, lui conseiller la sagesse dans la gestion de ses finances, — surtout quand elles sont bien maigres, — lui épargner la honte et le déshonneur, oh! alors nous en sommes; tant qu'il s'agira d'aimer notre pays, de cette manière, nous ne nous laisserons jamais retenir par aucune considération secondaire et négligeable de personne, de lieu, d'amitié, de famille. Dans ce cas, nous lui sacrifierons volontiers notre position et notre santé, notre liberté et notre vie. De plus que M. Peretti veuille bien comprendre, une fois pour toutes, que nous ne prenons pas parti pour Gênes contre la Corse, mais pour la vérité contre l'erreur, pour le droit contre l'injustice, pour l'honneur contre la honte, en un mot, pour l'histoire contre M. Peretti, qui ne représente pas la Corse. Serait-il notre frère que nous n'en combattrions pas moins sa thèse injuste et insoutenable !

En d'autres termes : nous ne voulons pas d'une patrie mythologique, malhonnête, faite de mensonge et d'erreur, tournée en dérision et humiliée; mais nous voulons une patrie authentique et honnête, s'appuyant sur la justice et sur la vérité, respectée et honorée par les peuples et par l'histoire. C'est ce qui fait que, malgré notre qualité de Corse, nous avons critiqué le travail de M. Peretti, et que nous n'en avons pu accepter les conclusions. L'objection que vient de soulever notre confrère, aboutirait à cette conséquence pyramidale; c'est que tous ceux qui ont approuvé notre réfutation ne sont pas de bons patriotes et qu'il n'y aurait que M. Peretti **qui serait véritablement**

Calvais, Corse et Français.

C'est là assurément un beau vers; mais il est trop prétentieux; ce n'est d'ailleurs qu'un vers solitaire...

Il y avait autrefois à Rome un temple dédié à l'*Honneur;* mais on ne pouvait y entrer qu'en passant par celui de la *Vertu*.

Or, depuis quand peut-on appeler *vertu*, l'improbité historique, l'erreur et le mensonge, moyens par lesquels on voudrait faire passer notre Corse honnête et bien-aimée pour arriver à l'honneur d'avoir produit Christophe Colomb?

Nous ajoutons que nous avons pris la plume dans ce débat non pas seulement quoique Corse, mais *parce que Corse*, et cela dans un but supérieur, facile à comprendre; M. l'abbé Peretti a l'air de nous dire : « Ce n'était pas à vous, prêtre de la Corse, à réfuter mon travail, il fallait laisser ce soin à des étrangers. » Nous répondons premièrement : que les étrangers du continent français et italien, pour ne parler que de ceux-là, ont autre chose à faire que de s'occuper des affaires locales de la Corse et de s'inquiéter si quelques-uns de ses habitants l'entraînent dans une voie fausse, onéreuse, humiliante; ils se contentent de hausser les épaules, de rire sous cape, et même aux éclats, quand ils entendent parler de ce qu'ils appellent des *insanités*, des *billevesées* et des *utopies* qui se débitent dans la glorieuse patrie de Napoléon. Nous ajoutons que si les théories de M. Peretti avaient été condamnées par les étrangers, il n'aurait été tenu aucun compte de cette désapprobation; on l'aurait soigneusement tenue secrète, et on aurait continué à organiser des manifestations à Calvi. Personne n'aurait dit mot, la statue eût été dressée, et le tour bien joué, *e finita la comedia*. C'est pour empêcher cette comédie que nous avons pris la plume; et nous estimons qu'il y a plus de patriotisme à empêcher son pays de se couvrir de ridicule qu'à lui procurer, par des moyens frauduleux, une gloire imméritée.

Quatrième objection. — M. Peretti nous en veut « d'avoir adressé une lettre circulaire à MM. les Membres du Conseil général de la Corse pour les *sommer*, dit-il, de se déjuger et de reconnaître, en annulant leurs délibérations précédentes, qu'ils ont été ignares ou de faux patriotes ».

La voici cette lettre :

Paris, le 10 août 1889.

« Monsieur le Conseiller général,

« J'apprends par la presse que, sous l'impression des savants travaux de mes vénérés confrères MM. les abbés Casanova et Peretti, pour prouver l'origine calvaise de Christophe Colomb, votre assemblée départementale a agité la question de la formation d'un Comité pour l'érection, dans la ville de Calvi, d'une statue à l'illustre Navigateur.

« Ne vous semble-t-il pas, Monsieur le Conseiller général, qu'avant de mettre à exécution ce projet, où il y va de la probité historique et de notre honneur insulaire, ne vous semble-t-il pas, dis-je, qu'il serait sage d'examiner froidement et sans parti pris la valeur des objections et réserves que l'histoire et la raison ont le devoir et le droit de formuler sur ce grave sujet?

« Voilà pourquoi je prends la liberté de vous adresser une petite brochure intitulée : *le Berceau de Christophe Colomb et la Corse*, brochure qui n'a d'autre but que d'éclairer votre patriotisme, de dissiper ce que je crois être une pure légende, et d'arrêter en Corse une agitation stérile, onéreuse, je dirai plus, humiliante aux yeux des historiens et des penseurs dignes de ce nom.

« Il m'en coûte, assurément, sous bien des rapports, d'élever la voix dans une question aussi délicate; mais ce qui m'y encourage, c'est la conviction de combattre l'erreur et de défendre les droits de la justice et de la vérité.

« Daignez agréer, Monsieur le Conseiller général et cher compatriote, l'hommage de ma respectueuse considération.

« L'abbé L.-M. Casabianca,

« *Deuxième vicaire de Saint-Ferdinand des Ternes,* »

Comme on le voit, rien, dans notre lettre, n'autorise les expressions *ignares, faux patriotes, sommation,* expressions qu'il n'est pas dans nos habitudes d'employer par respect pour nous-même et pour nos lecteurs. Nous sommes même péniblement surpris de les trouver sous la plume de notre confrère dont nous croyions l'éducation littéraire plus soignée.

Cinquième objection. — « M. Casabianca, dit notre confrère, est seul à tenir le langage qu'il tient. »

A cette allégation nous répondons : qu'il est faux que nous soyions tout seul à nier l'origine calvaise de Christophe Colomb. Déjà, avant nous, nous voyons MM. Léoni, Leca et d'autres écrivains de talent, corses, confondre, en termes indignés et concluants, la thèse de

MM. Casanova, Peretti et Fioravanti. Nous avons ensuite un nombre considérable de compatriotes tant laïques qu'ecclésiastiques (nous avons vu cela l'année dernière lors de notre court séjour en Corse) qui n'ont jamais partagé les rêveries de ces naïfs confrères ; qui leur ont même fait des objections qu'ils ont dédaignées ; qui en sont venus jusqu'à se fâcher assez sérieusement (nous parlons des laïques) ; et s'ils n'ont pas pris la plume, ç'a été tantôt par timidité, tantôt par respect pour certaines convenances, tantôt enfin parce qu'ils n'avaient pas à leur portée les sources et les documents dont nous disposons à Paris pour y puiser des arguments à l'appui de leurs convictions, et des armes pour combattre leurs adversaires.

En disant que nous sommes seul à tenir ce langage, M. l'abbé Peretti nous fait l'effet d'une des statues dont parle David qui ont des yeux sans voir, des oreilles sans entendre, et, ajouterons-nous, une mémoire sans se souvenir.

Comment peut-il affirmer, sans rougir, que nous sommes tout seul ? A-t-il donc oublié, comme nous le lui avons démontré dans notre brochure, que tous les historiens contemporains, amis, familiers et parents de l'illustre Amiral, tels que Gallo, Foglietta, Giustiniani, Las Casas, Pierre Martir d'Angheria, Bernaldez, don Fernand et Christophe Colomb lui-même disent expressément qu'il est né dans la *Ligurie*, sur le *continent génois*, et même dans la *ville de Gênes ?*

Comment peut-il affirmer que nous sommes tout seul ? N'a-t-il donc pas entendu, l'année dernière, l'immense clameur de sympathie qui a accueilli notre brochure dans l'arrondissement de Calvi ?

Non, non : « nous ne sommes pas tout seul » ; nous avons avec nous le haut clergé de la Corse et tout le clergé de la Balagne ; ce clergé à l'intelligence, à la sincérité et au patriotisme duquel nous sommes fier de rendre un solennel hommage ; ce clergé, Monsieur le curé, dont vous avez repoussé les conseils et dédaigné les lumières ; ce clergé, qui n'osait pas parler et qui gémissait du silence qui se faisait autour de vos stériles élucubrations ; ce clergé, enfin, qui a poussé un soupir de soulagement à l'apparition de notre travail et qui a été heureux de cette circonstance pour décliner toute solidarité compromettante et pour affirmer qu'il ne voulait être ni dupe ni complice.

Oui, Monsieur le curé, quand on a avec soi tout le clergé de l'arrondissement dans lequel vous voulez faire naître Christophe Colomb, et le haut clergé de la Corse ; quand on a avec soi Washington

Irving, H. Harrisse et Roselly de Lorgues, les trois hommes les plus compétents sur tout ce qui se rattache à l'immortel Navigateur; quand on a avec soi l'Institut de France, les vrais savants de l'univers et le pape Pie IX [1], on n'est pas seul, on est en nombreuse et fort honorable compagnie.

M. Peretti, on l'a vu dans son ouvrage, attache une grande valeur au silence des historiens insulaires en faveur de l'origine calvaise de son héros.

Sans attacher à ce mode d'argumentation une valeur absolue, nous pouvons cependant nous aussi invoquer un silence, qui emprunte aux circonstances une force démonstrative qui n'est pas à dédaigner, et qui est autrement sérieux que celui dont se prévaut notre confrère.

Le 4 septembre de l'année dernière, lors de l'arrivée en Corse des cendres du général de Paoli, justement surnommé le Père de la Patrie, plusieurs discours ont été prononcés par les autorités civiles et ecclésiastiques, et par des hommes distingués de la Corse [2].

Les divers orateurs parlèrent des hommes illustres de notre île; des Sampiero, des Sambucuccio, des Paoli, des Napoléon, etc., etc., mais personne ne dit mot de Christophe Colomb, personne n'y fit la moindre allusion; personne ne protesta contre notre brochure qui leur

---

1. Pie IX, dans son bref à M. le comte Roselly de Lorgues, à propos de l'histoire de C. Colomb, lui dit « que parmi ses œuvres, il en est une qui tourne autant à l'honneur de la Religion *qu'au lustre de l'Italie* ».

2. M. Bonnefoy-Sibour, préfet de la Corse (*Petit-Bastiais*, du 6 septembre 1889).

Mgr de la Foata, évêque d'Ajaccio (*Petit-Bastiais*, du 9 septembre 1889).

M. Blasini, maire de l'Ile-Rousse (*Petit-Bastiais*, du 8 septembre 1889).

M. le chanoine Quilici, curé de l'Ile-Rousse (*Petit-Bastiais*, du 11 septembre 1889).

M. le chanoine Saliceti.

M. Francheschini-Pietri (*Petit-Bastiais*, du 10 septembre 1889).

M. Graziani, curé-doyen de Muro (*Petit-Bastiais*, du 29 septembre 1889).

M. Orsini, curé-doyen de Belgodere (*Petit-Bastiais*, du 13 septembre 1889).

M. le président de Casabianca (*Petit-Bastiais*, du 18 septembre 1889).

M. Nicolaï, curé-doyen de Morosaglia (*Petit-Bastiais*, du 18 septembre 1889).

M. Mattei, adjoint au maire de l'Ile-Rousse (*Petit-Bastiais*, du 12 septembre 1889).

M. Toussaint-Malaspina (*Petit-Bastiais*, du 13 septembre 1889).

M. Santelli, avocat (*Petit-Bastiais*, du 8 septembre 1889).

M. Séja, docteur-médecin (*Petit-Bastiais*, du 17 septembre 1889).

M. Roland di Monti Rossi (*Petit-Bastiais*, du 19 septembre 1889).

M. Mancini, professeur (*Petit-Bastiais*, du 12 septembre 1889).

était pourtant connue. Or, si ces Messieurs avaient cru que le grand Navigateur eût été leur compatriote, quelle plus belle occasion pour eux d'affirmer leur conviction et de s'écrier dans un magnifique mouvement oratoire : « Dans deux ans d'ici, nous nous donnerons rendez-vous à Calvi pour y ériger une statue au plus illustre de ses enfants, à l'inventeur du Nouveau-Monde [1] » ?

Mais non ; aucun des orateurs ne fait même pas mention du grand événement de la fin du quinzième siècle : tous gardent le silence sur le grand Amiral ; eh bien ! leur silence, étant du genre de celui dont parle saint Jérôme, *silentium loquens*, un silence parlant, et que Lamartine appelle *un applaudissement des impressions durables et vraies*, constitue, à nos yeux, un appoint considérable en notre faveur contre la thèse de M. Peretti et consorts.

Mais nous voulons concéder que nous soyons tout seul ; M. Peretti est-il autorisé à en conclure que nous ne sommes pas dans le vrai ? Ce serait une bien puérile manière de raisonner. Depuis quand Dieu aurait-il placé la vérité, la force ou le talent dans le nombre ? Galilée, tout seul, n'a-t-il pas eu raison contre une commission de savants théologiens et contre les nombreux juges de l'Inquisition ? Horace n'a-t-il pas tout seul terrassé ses trois adversaires ? Et Christophe Colomb lui-même n'a-t-il pas tout seul émerveillé les cours de France

M. Bartoli, inspecteur d'enseignement (*Petit-Bastiais*, du 14 septembre 1889).

M. Vincentelli, rédacteur en chef de la *Défense* (*Petit-Bastiais*, du 12 septembre 1889).

M. Savelli, professeur.

M. Louis Colonna.

M. de Peretti de la Rocca, poème (*Petit-Bastiais*, du septembre 1889).

M. Angeli, instituteur (*Petit-Bastiais*).

M. Aug. Rinaldi. (*Petit-Bastiais*, 15 septembre 1889).

M. Emmanuel Arène, député, président du Conseil général à la session du 9 septembre 1889, parle « de la statue de Sampiero qui va s'élever sur la place du village qui l'a vu naître et de Paoli qui nous est aussi rendu ; pour ces deux grands hommes la justice toujours tardive est venue. » (Pilori, 13 septembre 1889.)

1. Ce que nous venons d'insinuer est tellement juste que M. l'abbé Casanova, le principal intéressé, n'a pu s'empêcher de céder à cette préoccupation qui l'obsédait tout entier ; déjeunant ce jour-là à l'Ile-Rousse, dans une communauté religieuse, il a porté un toast à Paoli et à Christophe Colomb *son illustre compatriote* ; mais, nous a-t-on dit, les protestations nombreuses et vives qui ont accueilli l'allusion à son utopie historique, l'ont tellement démonté qu'il a quitté le réfectoire dans une agitation facile à comprendre. Il paraîtrait même qu'il aurait dit que « notre brochure ne tenait à la Corse que par la dent de la jalousie ». Nous serions bien reconnaissant à notre charitable confrère s'il voulait bien nous dire dans quel *Traité* de rhétorique,

et d'Angleterre, de Portugal et d'Espagne, qui l'avaient traité de visionnaire et d'insensé? N'est-ce pas enfin l'Esprit Saint qui s'écrie : *quomodo pers equatur unus mille, et duo millia decem millia?*

M. Peretti ignore-t-il que ce qui fait la force d'un homme, ce n'est pas sa personnalité, mais la vérité qui l'anime, la vérité qu'il annonce? la vérité n'a pas besoin du nombre; elle se suffit à elle-même, pour délivrer l'humanité de l'erreur et du mensonge, *veritas liberavit vos.*

Eh bien, oui; même en admettant que nous soyions seul, en Corse, à ne pas croire que Christophe Colomb n'est pas né à Calvi, nous n'en serions pas moins invincible, parce que nous avons avec nous trois forces puissantes; la vérité, la justice et la probité; trois forces qui défient tout une armée de sophistes; garanti que nous sommes par cet *œs triplex*, les traits de notre impuissant confrère tomberaient faibles et sans atteinte à nos pieds, comme tombait celui du vieux Priam aux pieds de l'invulnérable Pyrrhus

> . . . . . . telumque imbelle sine ictu,
> Conjecit, rauco quod protinus œre repulsum.

Sixième objection. — M. Peretti nie d'avoir donné deux textes

il a trouvé cette nouvelle figure; nous avions toujours cru jusqu'à présent que la jalousie n'avait que des yeux; c'est ainsi qu'on dit de celui qui est atteint de cette maladie qu'il regarde avec des yeux jaloux; l'emblème que Ripa donne à la jalousie est un coq en colère dont le vêtement est brodé *d'yeux* et *d'oreilles*; la mythologie la représente sous les traits d'une vieille femme, l'*œil* enfoncé, le *regard* louche et sombre, et le poète a dit :

> Là gît la sombre Envie à l'œil timide et louche.

Comme on le voit, tout le monde lui donne des yeux et personne n'avait encore songé à lui donner des dents; M. l'abbé Casanova apparaît et vite il la gratifie d'un râtelier. Que voulez-vous? Quand on assez d'imagination pour trouver à Calvi le berceau de Christophe Colomb, il n'est pas étonnant qu'on découvre des dents là où personne n'en a mis; c'est le progrès de l'art dentaire; l'illustre Américain Préterre est enfoncé; vive la dent de la jalousie!

Disons aussi que nous n'en voulons nullement à notre confrère pour son coup de dent, car sa dent étant fausse, elle est inoffensive; et puis le monde, en Corse surtout, est habitué à ne croire pas plus aux metteurs qu'aux arracheurs de dents. Mais enfin puisque cette dent ne peut nous mordre, jettons-la au panier et gardons la jalousie édentée. Bossuet, dans son style de feu, qualifie la jalousie de « mère des meurtres ». Eh bien oui, nous sommes jaloux de la vérité, comme Dieu est jaloux de sa gloire; et notre jalousie est si passionnée, si violente qu'elle va jusqu'à l'extermination de l'erreur, jusqu'à la mort du mensonge.

tronqués [1]: le lecteur n'a qu'à se reporter aux pages 13 et 15 de notre brochure pour constater les mutilations de notre confrère, mutilations qui ont été relevées par d'autres critiques. (Voir la lettre d'Harrisse, p. 20 et l'article du *Correspondant*, p. 30.)

Enfin nous répondons aux arguties et aux chicanes de notre confrère sur les mots *provincia di Genova* et *Liguria*, par la lettre suivante de M. le marquis Staglieno, qui doit mieux connaître que M. Peretti la géographie et la philologie de son pays natal.

« Gênes, 5 décembre 1889.

« Monsieur l'abbé,

« Au quinzième siècle, comme aujourd'hui, par le mot *Ligur* on entendait et on entend un habitant et un natif de la *Liguria* ou *Provincia di Genova*, c'est-à-dire de Gênes, de son territoire de *terre ferme*, sujet ou non à sa domination.

« Mais dans le mot *Ligures*, *Liguriens*, on ne peut pas comprendre les habitants de la Corse, qui furent toujours dénommés du nom de leur île, et quoique sujets à la domination de Gênes, ils conservaient leur *nationalité* particulière.

« Veuillez agréer, etc.

« M. Staglieno. »

---

1. M. l'abbé Peretti a osé écrire ceci dans *la Revue bleue*, du 12 avril 1890 : « M. Monod aurait pu apprendre de M. Casabianca que le texte tronqué de Gallo m'a été fourni par un ami dont j'ai mis la lettre autographe à la disposition de mon contradicteur; ce qui met tout à fait à couvert ma bonne foi. » Je nie formellement d'avoir jamais reçu de M. Peretti, ni verbalement, ni par écrit, aucune ouverture de ce genre ; et encore que cela serait, les véritables érudits, ayant le droit d'exiger que l'historien remonte aux sources, et qu'il apporte un soin scrupuleux à contrôler l'authenticité et l'exactitude des documents qu'il met en avant, du moment que M. Peretti a négligé ces précautions élémentaires, les véritables érudits, dis-je, ont également le droit de ne pas le prendre au sérieux : aussi traitent-ils sa thèse de « plaisanterie ». Pour ce qui est de sa bonne foi, quoiqu'elle ressemble beaucoup à celle qu'il apportait en écrivant que « ce furent les souvenirs d'enfance qui dictèrent à C. Colomb les noms qu'il a imposés aux îles qu'il a découvertes (p. 343) », tout en ayant sous les yeux les *déclarations positives* de don Fernand sur les *véritables raisons de ces dénominations*, nous la lui laissons pour ce qu'elle vaut; mais nous lui ferons remarquer qu'elle n'a pas cours dans le monde scientifique. Il est trop tard, Monsieur le Curé, pour battre en retraite, et il n'est pas de bon ton de découvrir un allié avec lequel vous avez fait campagne. Votre devoir, avant de partir en guerre, était de vous assurer de ses troupes, de ses munitions; vous ne l'avez pas fait, donc vous êtes responsable de la défaite.

Est-ce assez clair ?

Au lieu de perdre son temps à ergoter sur notre qualité de compatriote et sur la petitesse de notre lieu de naissance ; sur notre inscription en faux contre l'appréciation de Mgr l'évêque d'Ajaccio, du R. P. Chapotin, des bureaux du ministère de l'Instruction publique et de la Ville de Paris et sur notre isolement à soutenir notre opinion, tout autant de points de vue secondaires et extrinsèques qui ne jettent aucun jour sur la question, M. Peretti aurait agi plus utilement, plus logiquement et plus courtoisement, s'il avait employé tous ses efforts à démontrer que tout ce que nous avons dit du *témoignage* des historiens *contemporains* de Christophe Colomb, de ses *familiers* et de son *testament* ; de la famille *Colombo* et de la rue *Del Filo* à Calvi ; des *sous-entendus* et du *silence* des historiens insulaires et étrangers ; des *tonina*, des chiens *corsi* et des *calvais* en Amérique ; et enfin des qualificatifs *Calvo*, *Calvi*, que tout cela n'est pas juste et qu'il ne détruit pas sa thèse. Tant que notre confrère ne prouvera pas cela, — ce qui lui est impossible, — il demeurera cloué sous le poids de notre réfutation aussi éternellement que le pauvre Thésée demeure collé à sa pierre sans pouvoir s'en détacher, *sedet æternumque sedebit.*

Nous avons répondu aux objections de M. l'abbé Peretti. Arrivons maintenant à celles de M. l'abbé Casanova.

A la place d'une *Vie* volumineuse de C. Colomb par M. l'abbé Casanova, qu'on nous avait annoncée pour ne pas dire dont on nous avait menacé, nous ne voyons paraître qu'un modeste fascicule de 12 pages in-12, intitulé : *Vie de Christophe Colomb, écrite au point de vue de son origine française* [1].

Disons tout de suite que nous avons eu beau chercher le *point de vue de l'origine française*, nous n'y avons rien trouvé de français. Par contre, nous y avons trouvé du *Corse*, qui n'est probablement même pas du Corse.

M. l'abbé Casanova donne deux preuves de l'origine corse du grand Navigateur, en disant, à la page 8, « que ce fut dans ses premiers voyages qu'il dédia sa première découverte à son pays natal, en donnant le nom de Cap-Corse, au cap que les Anglais nomment maintenant Cap-Coast et qui se trouve sur la Côte-d'Or » ; et à la page 10, « qu'à son premier voyage, il avait plusieurs chiens corses ».

1. Société de la Bibliothèque de tout le monde, Tourcoing-Lille.

A priori, on croit vraiment rêver quand on entend M. l'abbé Casanova dire « que ce fut dans ses premiers voyages que C. Colomb dédia sa *première découverte*, etc. ». De grâce, Monsieur le Curé-doyen, ou veuillez repasser votre géographie, ou daignez respecter le bon sens de vos lecteurs qui n'aiment pas à accepter des vessies pour des lanternes. Cette assertion suppose, en effet, que l'illustre navigateur donna ce nom au premier cap qu'il rencontra dès sa sortie de Porto-Santo. Or voici, cher lecteur, les nombreux caps que nous trouvons sur la côte occidentale de l'Afrique, avant d'arriver à la Guinée, où se trouve le *Cabo-Corso* : les caps Noun, Bojador, Laguedo, das Barbas, Blanc, Vert, Mesurado, Palmas, etc., etc., sans compter des îles, des presqu'îles, des fleuves et des côtes sans nombre. Ce n'était donc pas la *première découverte* qu'il avait faite dans une traversée d'au moins *deux mille lieues !!!* À moins que notre confrère ne nous réponde que son héros, s'étant endormi durant un si long voyage, ne se serait réveillé qu'en face du fameux cap qu'il aurait baptisé du nom de Corse !!! S'il hasardait cette réponse, il ne nous resterait plus qu'à le renvoyer dos à dos avec les auteurs de *la Belle au bois dormant* et des *Mille et une nuits*. Et puis, il faut reconnaître qu'il aurait eu le patriotisme joliment tiède et paresseux, s'il avait attendu si longtemps pour donner à une de ses découvertes le nom de son pays; les Corses, Dieu merci, sont plus vifs et plus ardents que cela.

A posteriori, nous répondons à M. l'abbé Casanova en disant qu'il n'est pas vrai que ce soit C. Colomb qui ait découvert ce cap et nous le mettons au défi de nous citer un auteur qui affirme ce fait. En voici quelques raisons :

1° Le mot *Corso* était connu sur les côtes de la Guinée un siècle avant C. Colomb : voici en effet ce que nous lisons dans Valckeren, membre de l'Institut : « Vers l'année 1346, quelques aventuriers de Dieppe... passèrent jusqu'aux côtes de Nigritie et de Guinée, où ils établirent diverses colonies, particulièrement le Cap-Vert... Ils donnèrent le nom de baies de France à divers lieux de la côte ; celui de Petit-Dieppe au village de *Rio-Corso* et celui de Sestre-Paris au village qui n'est pas éloigné du Cap Palmas [1]. »

2° Cette raison va faire ouvrir de grands yeux à nos contradicteurs; le *Capo Corso* était connu près d'un siècle avant la nais-

---

1. *Hist. des voyages*, t. IX, p. 173.

sance de Christophe Colomb. En voici la preuve : « C'est sur cette partie de la côte de la Guinée que les Européens possèdent le plus grand nombre d'établissements ou de comptoirs. Déjà *en* 1383, des Français y avaient établi ceux du Petit-Dieppe, de la Mine, d'Akara, de Cormantine, du *Cap-Corse* et de Tokaray [1]. Ce fait est confirmé par l'allemand Samuel Braun dans ses *Petits Voyages* publiés à Francfort en 1625 et par Dopper, édition de 1686. »

Or, comme C. Colomb est né entre 1446 et 1451, nous nous demandons comment il a pu découvrir et baptiser en 1383 le *Capo-Corso* déjà connu. Comme on le voit, l'argument que M. l'abbé Casanova tire du *Capo-Corso* n'ayant pu doubler le cap de la critique historique, demeure sans valeur, et il n'a malheureusement ni tête ni queue, *ne capo ne coda*, comme disent les Italiens.

Pour ce qui est du mot *Corso*, nous disons que sa présence sur un cap de ce nom ne prouve pas qu'il ait été découvert et baptisé par C. Colomb ou par un corse, parce qu'il aurait pu l'être par les Portugais eux-mêmes et qui l'auraient ainsi baptisé en souvenir et en l'honneur du marin de ce nom qui l'aurait aperçu le premier [2]; de ce que nous trouvons sur les côtes de l'Australie, le golfe Bonaparte, la terre Napoléon, le groupe des îles Jérôme, la baie Louis et les îles Joséphine [3], la Corse a-t-elle le droit d'en conclure que ces découvertes ont été faites par un de ses enfants ou par un membre de la famille Bonaparte? Assurément non; d'ailleurs l'histoire serait là pour lui donner un démenti, en lui apprenant que ces divers noms ont été donnés par un Français, le capitaine

1. *Instructions nautiques sur la côte occidentale d'Afrique*, par Charles-Philippe de Kerhallet, capitaine de vaisseau, 2e part., ch. IV, p. 115. Archives du ministère de la marine, Paris. — D'un autre côté, il paraît établi, d'après une savante dissertation de Santarem (*Sobra a prioridad dos scrobimentos portugez na Costa d'Africa Occidental*), que ce seraient les Portugais qui auraient découvert et baptisé le cap de ce nom; ce qui est certain, c'est qu'il était ainsi appelé avant la naissance de C. Colomb.

2. Le théâtre de don Carlos, à Lisbonne, vient d'engager une actrice portugaise du nom de Emilia Corsi; *Corsi* peut parfaitement être une corruption de *Corso*. Ce qui nous ferait croire que le mot *Corso* peut être ici un nom de famille, c'est que nous trouvons à Gênes en 1503, un Nicolas *Corso*, peintre; à Venise en 1553, un Antonio Giacomo *Corso*, littérateur; en Angleterre en 1799, un Jhon *Corse* et à Bordeaux en 1760, un J. Baptiste *Corsse*, l'auteur de *M*me *Angot* au sérail de Constantinople.

3. Péron, *Voyages aux Terres australes*, p. 326. Voy. aussi : *Napoléon et ses instructions rédigées*, par l'amiral Baudin.

Baudin en 1802, en souvenir du nom qui remplissait à cette époque le monde de sa gloire;

Qui nous dit que ce cap ayant été découvert après une longue course (*Corso* étant un terme maritime portugais, signifiant longue course), ce nom ne lui a pas été donné en souvenir du grand effort fait pour l'atteindre?

Corço en portugais voulant dire « jeune cerf », pourquoi les navigateurs ne lui auraient-ils pas donné ce nom à cause de quelque cerf qu'ils auraient aperçu sur la côte? C'était assez dans leur usage de désigner les caps par leur flore ou leur faune : c'est ainsi qu'ils appelaient le cap *Palmellas*, l'île des *Colombi, dos Corvos, dos Cavallos*, etc., à cause des palmiers, des pigeons, des corbeaux ou des chevaux qui s'étaient présentés les premiers à leur vue [1].

Nous irons même plus loin en disant que si nos adversaires tiennent absolument à ce que ce soit un Corse qui ait ainsi baptisé ce cap, nous n'y voyons aucun inconvénient; comme il est certain que les Génois aux quatorze et quinzième siècles partaient souvent en expédition pour le compte des rois de Portugal [2], il ne serait pas improbable que quelque Corse ait fait partie de ces expéditions; mais comme il est avéré que le cap en question a été découvert avant C. Colomb, cela ne donnerait aucun appui à la thèse Calvaise.

Il est bien entendu que nous donnons ces explications pour ce qu'elles valent.

Arrivons à la preuve tirée des chiens corses, *cani corsi*. Quoique nous l'ayons réfutée dans l'ouvrage de M. l'abbé Peretti, nous ne sommes pas fâché d'y revenir pour donner une réponse directe et partant plus péremptoire. Cette réponse, nous la trouvons dans le plus grand dictionnaire italien, par Tomaseo et Bellini. Or voici ce que nous trouvons au mot *cane* :

CANE CORSO, *cane di mediocre grosezza, con testa grossa e feroce; Vidi un cane Côrso abbajar alla luna... Il can Corso ha gran posanza, ardito assale la fera e la ritien.*

Nous avons interrogé plusieurs Italiens; des religieux Franciscains, Dominicains, Barnabites et Jésuites; des diplomates et des prélats, et leur avons demandé ce qu'on entend en Italie par un

---

1. Dans les ouvrages portugais, ce cap est appelé *cabo Corço*, et Philips, dans Churcill, tome V, p. 170, écrit *cap Corce*.

2. *Le Premier établissement des Néerlandais à l'Ile Maurice*, par le Prince Roland Bonaparte, page 25. Chamerot, Paris, 1890.

cane corso; tous nous ont répondu que c'est un chien qui se fait remarquer par sa vivacité, son audace et sa férocité. Nos trois confrères, qui ont dans leur voisinage plusieurs religieux italiens, n'ont qu'à leur demander si nos renseignements sont exacts.

Notre interprétation se trouve confirmée d'une manière irréfutable par Las Casas. L'évêque de Chiapa, on le sait, ayant été mis en possession du texte espagnol de l'*Histoire de D. Fernand* et des manuscrits de Christophe Colomb, a naturellement travaillé d'après ces documents primitifs pour composer son *Historia de Las Indias.* M. Peretti fait même remarquer « qu'il reproduit même littéralement le texte de Christophe Colomb ». Le témoignage de Las Casas a, par conséquent, une valeur exceptionnelle et supérieure à celle du traducteur de D. Fernand, Ulloa, que MM. Casanova et Peretti eux-mêmes trouvent souvent inexact, erroné, incomplet. (Peretti, p. **56**.)

Or nous lisons dans Las Casas que Christophe Colomb employa *los perros bravissimos* [1] des chiens très courageux.

Il s'ensuit que l'auteur italien, en traduisant *bravissimos* par *corsi*, a tout simplement voulu exprimer les instincts hardis et féroces de ces chiens, et non pas leur origine. C'est-à-dire que pour traduire le mot *bravissimos*, il n'a trouvé dans sa langue d'autre expression que le mot *corsi*, qui signifie bien des chiens courageux et féroces. Donc, le mot *corsi* ne se trouvant pas dans le texte original, l'argument tiré de ces chiens n'a plus sa raison d'être *cessante causa cessat effectus.*

Et maintenant quel peut être le radical de ce qualificatif, *corsi?* Serait-ce la Corse? Dirait-on, en italien, *dei cani corsi*, comme nous disons en France des chiens du saint Bernard, des épagneuls ou des danois? Serait-ce le *corsac* [2]? chien sauvage et farouche, qui habite les déserts de la Tartarie, et qu'on retrouve dans l'Inde? De *corso* à *corsac*, la distance n'est pas grande; nous l'ignorons, nos connaissances zoologiques n'étant pas assez avancées pour répondre à cette question. Quoi qu'il en soit, les *cani corsi* qui accompagnaient Christophe Colomb dans son expédition contre les Indiens, étaient tout simplement des chiens de combat fort répandus en Italie, ou bien même des chiens qu'il aurait trouvés en Amérique; par conséquent, les *cani corsi* ne prouveraient pas plus que Christophe Colomb, qui les employait, fût Corse, que des chiens de

1. Las Cases, *Hist. de Las Indias*, l. I, c. CIV, t. II, p. 79.
2. Chenu, *Dictionnaire d'hist. nat.*, t. II, p. 75.

Chine, de Turquie ou des Alpes ne prouveraient que les personnes qui les ont dans leur chenil soient nées dans l'empire du Milieu, sur les rives du Bosphore, ou dans la vallée de Chamounix. Ces *cani corsi* n'apportant aucun témoignage en faveur du berceau calvais de Christophe Colomb, ressemblent fort à ceux dont parle le prophète, *canes muti non valentes latrare.*

Donc il demeure acquis à l'histoire que ni le *cabo-corso* de la Guinée, ni les *cani corsi* d'Hispaniòla ne prouvent nullement que Christophe Colomb soit né en Corse [1].

En disant plus haut que nous n'avions rien trouvé de *français* dans *la Vie de Colomb*, par M. l'abbé Casanova, nous nous trompions; oui, nous y avons trouvé « que c'est un Français qui est chargé de soutenir devant l'assemblée des cardinaux les titres du grand Navigateur à la consécration que l'Église lui réserve [2]. » Or voici ce que ce *Français*, qui s'appelle le comte Roselly de Lorgues, pense de l'origine *française* de Christophe Colomb : « Voici maintenant qu'à l'instigation d'un Corse, l'infatigable abbé Casanova, la cité de Calvi se prétend le vrai lieu de naissance de Christophe Colomb... Pourtant *aucun semblant de réalité* n'est venu renforcer l'*invention fantaisiste*. L'Italie se borne à *rire de la naïveté* de nos ardents insulaires et du ministère qui a si aveuglément patronné cette machination vaniteuse [3]. » N'est-il pas vraiment piquant de voir l'éminent historien français, invoqué par M. Casanova en faveur de sa thèse, lui donner ce vigoureux démenti? On connaît d'ailleurs la lettre magistrale que le même auteur nous a écrite et qui se trouve en tête de notre opuscule *le Berceau de Christophe Colomb et la Corse*. Non, M. le doyen d'Olmi e Capella, les Français sont trop honnêtes et trop jaloux de leur dignité, pour vouloir d'une gloire qui ne leur appartient pas.

Arrivons au troisième de nos adversaires : M. le chanoine Fiora-

---

1. Nous apprenons, au dernier moment, qu'un Irlandais, ayant lu dans Navarette (t. I, p. 307), que C. Colomb avait avec lui un chien irlandais, *un perro de Irlanda*, prépare une dissertation pour prouver qu'il est né dans la verte Hibernie; voilà un animal qui va empêcher de dormir les partisans de la légende calvaise et qu'ils vont caresser comme un chien dans un jeu de quilles; décidément, ils n'ont pas de chance ni avec les chiens, ni avec les thons; ils en ont encore moins avec les hommes. (Voir Harisse, *Nouvelles recherches sur l'histoire de l'Amérique.* Paris, 1890.)

2. A la dernière page.

3. *Christophe Colomb*, par le comte Roselly de Lorgues, pp. 567-568. Paris, 1886.

vanti nous ayant fait quelques objections dans *le Conservateur*, nous y avons déjà répondu. Il y a cependant trois remarques et un fait qui ont paru dans son journal et que nous ne pouvons laisser passer sous silence, malgré leur insignifiance.

Voici la première remarque : « M. Casabianca, dit-il, s'est fourré le doigt..., etc., etc. » (*Conservateur* du 17 octobre 1889.)

Voici la seconde : « M. Casabianca poursuit sa campagne avec une ardeur et un scrupule dignes d'une meilleure cause. » (*Conservateur* du 28 novembre 1889.)

Voici la troisième : « M. Casabianca s'est mis sur les bras une trop lourde charge. » (*Ibid.*)

Voici le fait : M. le chanoine Fioravanti, après avoir publié dans *le Conservateur* du 31 novembre une lettre de M. l'abbé Peretti, lettre qui remplissait deux colonnes de la seconde page, s'est ingénié à reléguer à l'avant-dernière page, après les annonces du *Panama*, de la *Maison du Pont-Neuf* et du *Sirop Laroze*, sous le titre : *Variétés*, notre lettre d'une vingtaine de lignes. Il a fait mieux; après avoir fait suivre cette lettre de quelques remarques en gros caractères, et croyant que le lecteur n'irait pas plus loin, il s'est décidé, sur notre prière, à insérer à la dernière page un compte rendu fort élogieux de la *Civilta Cattolica* sur notre travail. L'attitude du vénérable chanoine à l'endroit de cette *Revue* nous surprend d'autant plus que, dans *le Conservateur* du 19 septembre dernier, il la citait avec honneur, l'invoquait à son appui et en faisait ressortir l'autorité, en disant « qu'elle se publie à Rome, sous les yeux du Saint-Père, dont elle est l'organe le plus savant et le plus éloquent qui existe sur la terre ».

Pour ce qui est de ce fait et de la première remarque, après avoir fait observer à M. le Chanoine qu'un laïque l'aurait tout simplement prié d'en chercher la réponse dans un petit traité intitulé : *De la Civilité chrétienne et française*, nous nous contenterons, comme confrère, de lui dire que l'impartialité et la bienveillance réclamaient pour ces deux communications une place moins obscure.

Quant à la seconde remarque, nous lui répondrons, avec l'univers entier, qu'il n'y a pas au monde de cause meilleure que celle de la justice et de la vérité; or cette cause est la nôtre.

Quant à la troisième, nous répondrons que, si nous ne sommes pas Samson, nous ne sommes pas non plus Tom-Pouce; nous avons, grâce à Dieu, assez de force pour détruire un château de cartes; or, le berceau calvais de Christophe Colomb n'étant que cela, il n'est pas étonnant que nous n'ayons pas eu grand effort à faire pour le réduire à néant; le souffle d'un enfant eût suffi à le détruire. En terminant notre démonstration, qu'il nous soit permis de déplorer que nos trois confrères aient dépensé un quart de siècle en pure perte; car on peut dire de leurs travaux ce que saint Augustin disait des vertus des Romains : *magni passus sed extra viam.*

L'imagination chez ces messieurs étouffe évidemment le sens critique. Ils ont complètement oublié que l'histoire n'est pas le roman : on ne doit pas l'écrire avec des phrases mais avec des documents; non pas avec des affirmations mais avec des preuves; non pas avec des mots mais avec des dates. Or ces preuves, ces documents et ces dates leur font complètement défaut. Leurs ouvrages ne sont d'un bout à l'autre qu'un tissu d'assertions gratuites, d'ingénieux sophismes, de *peut-être*, de *probable*, de *possible*, c'est-à-dire... *vox, vox, prætereaque nihil.*

Et maintenant que le jury d'honneur s'est prononcé à l'unanimité en notre faveur, et que les objections de nos trois adversaires ont été pleinement résolues, que reste-t-il à faire?

Boileau, dans ses *Héros de romans*, après avoir attaqué leur peu de solidité, leur afféterie précieuse de langage, leurs conversations vagues et frivoles, les portraits avantageux faits à tout bout de champ de personnes très médiocres, les cite à la barre de Pluton, qui tient à son interlocuteur ce langage :

« Tu vas accommoder tes bourgeois de toutes pièces. Allons, qu'on ne les épargne point, et qu'après qu'ils auront été abondamment fustigés, on me les conduise tous, sans différer, droit aux bords du fleuve de Léthée. Puis, lorsqu'ils y seront arrivés, qu'on me les jette tous, la tête la première, dans l'endroit du fleuve le plus profond, eux, leurs billets doux, leurs lettres galantes, avec tous les nombreux volumes ou, pour mieux dire, les monceaux de ridicule papier où sont écrites leurs histoires. Marchez donc, faquins, autrefois si grands héros. Vous voilà arrivés à votre fin, ou, pour mieux dire, au dernier acte de la comédie que vous avez jouée si peu de temps [1]. »

De ce réquisitoire, qui n'est pas piqué des vers, nous ne retiendrons qu'une pensée que nous prenons la liberté de soumettre à

1. Œuvres complètes de Boileau, p. 382, Furne et Cie.

nos trois confrères : moins féroce que le dieu des enfers, nous les engageons tout simplement, pour l'honneur de l'histoire et la dignité du clergé corse, à jeter leurs livres, leurs brochures et leurs articles de journaux, — « monceaux de ridicule papier », — sur l'origine calvaise de Christophe Colomb, à les jeter, disons-nous, dans l'endroit le plus profond du Léthée. Il faut absolument que l'oubli se fasse sur cette burlesque entreprise, dans l'intérêt même de ses propres instigateurs.

Nous nous résumons en concluant : dans le débat soulevé par nos trois confrères sur le berceau de Christophe Colomb, il y a :

1° Une question de vérité historique qu'une nation, aussi intelligente que la France, ne saurait méconnaître ;

2° Une question de probité internationale que nous avons le devoir de pratiquer ;

3° Une question de dignité et d'honneur à sauvegarder ; les Italiens et les étrangers ne manqueraient pas de tourner en dérision une *manifestation gouvernementale* en faveur d'un Christophe Colomb *Français* [1] ;

4° Une question de convenance et de tact ; le gouvernement italien ayant déjà voté 60,000 francs pour la célébration à Gênes du quatrième centenaire de la découverte du Nouveau-Monde par son illustre enfant ;

5° Une question de solidarité pénible pour le clergé corse tout entier ;

6° Enfin une question financière pour notre île bien-aimée, qui agirait plus sagement en consacrant ses modestes économies à des besoins plus pressants au lieu de les employer à dresser une statue à un étranger.

Tels sont les vrais et seuls mobiles qui nous ont inspiré dans notre travail. Qu'on ne vienne pas nous parler de jalousie ou de tout autre sentiment peu honorable ; nous repousserions du pied ces vulgaires insinuations, sans leur faire l'honneur de les relever. Grâce au témoignage de l'histoire, aux lumières de la science, à l'autorité de juges désintéressés, patriotes et éminemment compé-

---

1. Tout ce que nous demandons, c'est que le gouvernement se dégage complètement de cette puérile entreprise et qu'il ne lui prête aucun concours ; la dignité nationale sera ainsi sauvegardée. Libre à M. Peretti et à ses amis d'élever un monument et de tirer des feux d'artifice ; ce sera alors une affaire purement privée ; et, comme nous ne sommes pas chargé de la conscience de ces messieurs, Dieu nous garde de nous mêler d'une affaire de ce genre.

tents, et aux simples données du bon sens, nous avons tout remis en place, détruit l'erreur, percé à jour les préjugés, fait taire la passion, mis en déroute les vains sophismes et les misérables arguties ; nous avons rétabli les faits, proclamé la vérité et obéi à l'injonction de la justice qui nous dit à tous : *suum cuique.*

Si, fermant les yeux à l'évidence, on s'obstine à vouloir ériger une statue qui serait un non-sens, on saura du moins que tout le clergé de l'arrondissement de Calvi, le haut clergé de la Corse, les personnes les plus considérables du département, l'Institut de France et les plus grands savants de l'univers condamnent cette idée grotesque et mensongère. D'ailleurs, le fait ne constitue pas le droit, et la brutalité de l'usurpation laisse intacte la vigueur de la justice. On aura beau élever une statue, prononcer des discours, faire parler la poudre et briller la pyrotechnie, il n'en demeurera pas moins certain aux yeux de l'histoire que Christophe Colomb n'est pas né en Corse, mais sur le continent génois.

Et maintenant notre tâche est finie ; tâche délicate, ardue, onéreuse ; notre récompense, — la seule que nous ayons ambitionnée, — nous la trouvons dans la satisfaction d'avoir rempli notre devoir d'honnête homme, de patriote impartial, de vengeur de la vérité, et dans l'adhésion de l'opinion publique.

Nous aimons à espérer que nos chers confrères, éclairés par un patriotisme mieux entendu, se décideront à abandonner leurs insoutenables prétentions et qu'ils ne voudront pas s'exposer à ce que la Corse ne leur adresse un jour ce terrible reproche : *Posuisti nos opprobrium vicinis nostris, subsannationem et derisum his qui sunt in circuitu nostro* [1].

C'est notre dernière parole sur cette question, historiquement tranchée, décidé que nous sommes à ne répondre aux attaques et aux injures que par un silence absolu et une chrétienne patience, deux moyens recommandés, dans les épreuves, par l'auteur de l'*Imitation*, pour mériter le secours de Dieu : *Si tu scis tacere et pati videbis procul dubio auxilium Domini* [2].

1. Ps. XLIII, 14.
2. Liv. II, ch. II.

PARIS. — E. DE SOYE ET FILS, IMPRIMEURS, 18, RUE DES FOSSÉS-SAINT-JACQUES.